FreudMahler

Opera Teatrale in 4 movimenti

Marlin Thomas

Clinton Press New York

Traduzione a cura di *LeggereLeggere*

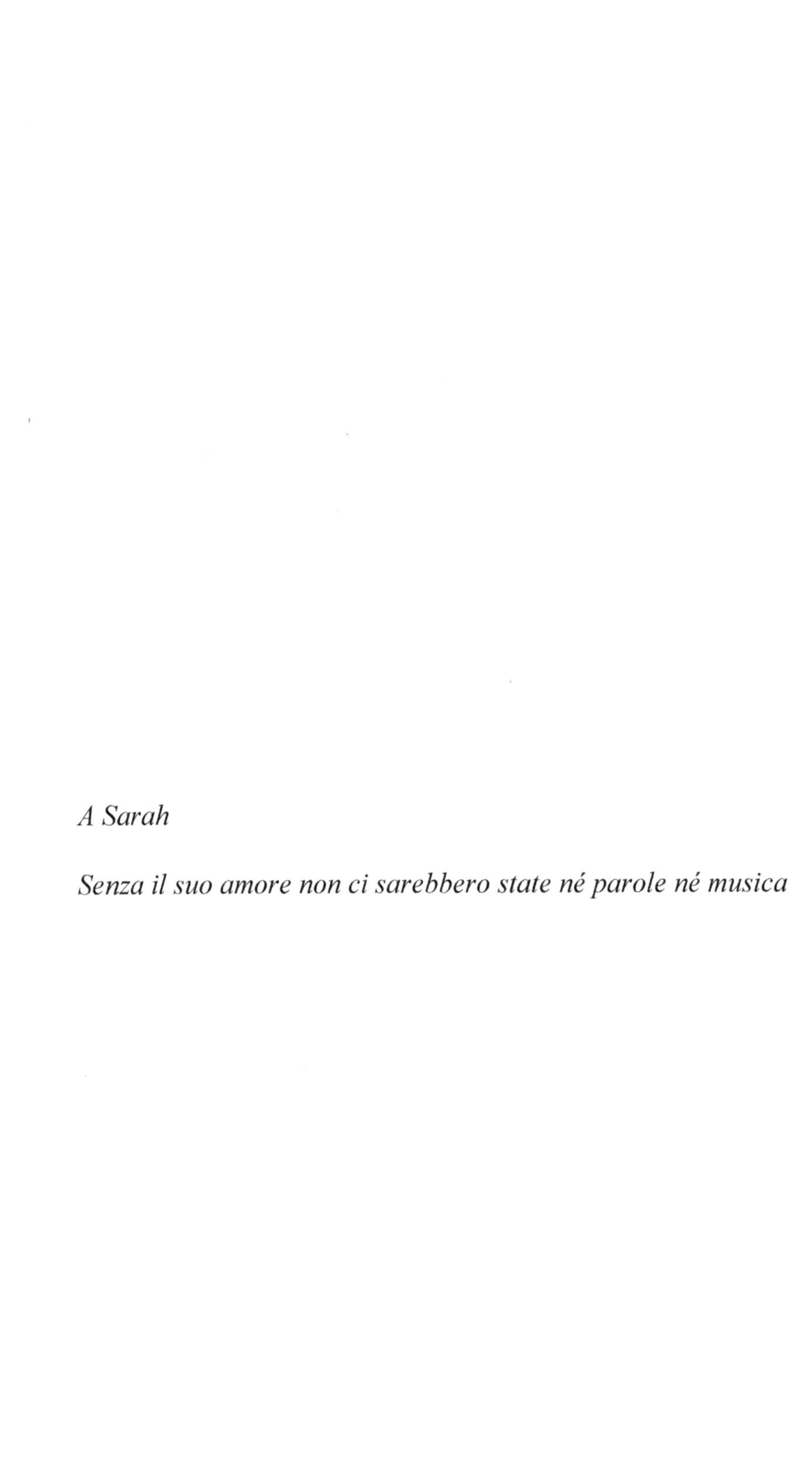

A Sarah

Senza il suo amore non ci sarebbero state né parole né musica

Nota all'edizione italiana

Professor al Department of Computer Science dell'Iona College di New Rochelle (New York), Marlin Thomas per sua stessa ammissione ha un rapporto puramente "emozionale" con la musica, fedele in maniera forse consapevole all'assunto di Robert Schumann secondo il quale solo chi ha animo fanciullesco, libero da pesi intellettualistici e filosofici, può cogliere appieno lo spirito autentico della musica, sentirla davvero vibrare nella profondità dell'anima. È nel rispetto di questo approccio genuino, disincantato, che il curatore non ha inteso intervenire su un paio di ingenuità "tecniche" dell'autore con note musicologiche che ne avrebbero inquinato lo spirito originario.

Non è dato sapere quale sia stata la biografia di Mahler, presumibilmente in inglese, ad avere acceso la fantasia di Marlin Thomas; ma qualunque sia stata, deve avere avuto un taglio psicologico (nessun compositore più di Mahler si presta a una lettura di questo tipo, con forte riprovazione di storici e musicologi di professione). Come l'autore di questa piéce ricorda, la fonte primaria per un'indagine condotta da questa prospettiva è Marie Bonaparte, già allieva di Freud, alla quale hanno attinto tutte le biografie e gli studi mahleriani del genere e che trova una conferma in una lettera di Freud a un altro suo allievo, Theodor Reik, datata gennaio 1935 dove in un breve riferimento a Mahler si parla di Mutterbindung (complesso di Santa Maria). Tra le ultime pubblicazioni conformi a questo taglio vale forse la pena citare *Gustav Mahler. A Life in Crisis* di Stuart Feder (2010).

Infine: l'incontro del 1910 da Marlin Thomas qui drammatizzato ha trovato ampio spazio anche nella più accreditata biografia di Freud: Ernest Jones, *Sigmund Freud. Life and Work* (Hogarth Press, 1953-1957).

Ettore Napoli

Nota dell'autore

Nell'agosto del 2005, mentre cercavo qualcosa da leggere per un weekend sul lago a nord di New York, scelsi frettolosamente e senza rifletterci troppo una biografia di Gustav Mahler, figura che mi aveva sempre affascinato. Nel libro vi era una descrizione provocatoriamente breve dell'incontro fra Sigmund Freud e il compositore, avvenuto a Leida in Olanda nel 1910, l'anno prima della morte di Mahler. Il desiderio di conoscere qualcosa di più su questo misterioso incontro fra questi giganti della cultura e il mio coinvolgimento nell'esperienza psicoterapeutica crearono un campo gravitazionale di immagini che si è tradotto in un testo teatrale.

Avrei voluto sapere qualcosa di più di questo incontro, ma scoprii presto che era impossibile: esiste un'unica fonte che descrive la seduta, la lettera che Freud scrisse a Marie Bonaparte più di quindici anni dopo. Poiché la lettera fu scritta così tanto tempo dopo e non esiste altro riscontro sul suo contenuto, non ci sono garanzie sul fatto che sia completa o che sia immune da faziosità. Questo vuoto di informazioni ha innescato la ricostruzione fantasiosa di questo testo teatrale. Ciò che non ho potuto ricostruire l'ho inventato o dedotto dal poco che sapevo.

Alla base del testo drammatico ci sono sia documenti storici e biografici che opere artistiche e scientifiche. Tutte le deviazioni da queste fonti sono frutto della mia responsabilità. Sono il risultato della mia immaginazione, di un'interpretazione personale e di una mia riluttanza a sottostare alle costrizioni imposte dalle biografie e dalle rievocazioni; nonché dall'inadeguata comprensione del materiale disponibile e dagli effetti distorti dovuti all'inserimento nel dramma della mia personale storia psicologica. Anche se personaggi, ambientazioni e azioni sono realmente esistiti non necessariamente essi sono in relazione con altre fonti esterne all'opera.

Non bisogna cadere nell'istinto interpretativo che potrebbe far leggere l'opera come un testo in cui la scienza è contrapposta all'arte o la ragione alla creatività. I personaggi del dramma sono in parte reali e in parte inventati, comunque non sono archetipi. Il conflitto messo in scena avviene fra personaggi e non fra astrazioni conflittuali o idee incompatibili.

La tesi centrale del dramma che vede Freud e Mahler cimentarsi in una reciproca terapia non priva di aggressività è puro frutto della mia immaginazione. Sebbene riconosca la valenza prettamente speculativa e teatrale di questa tesi, sono comunque certo della sua fondatezza.

Siccome la psicoterapia e la musica sono centrali nel testo, mi sento in dovere di spiegare la mia relazione con queste due discipline. Ho letto in modo approfondito le opere della psicoterapia freudiana, sia quelle fondamentali che le altre e ho approfondito anche l'applicazione della psicoanalisi alla storia e alla letteratura. Il primo ricordo che ho del mio desiderio di scrivere risale ai miei dodici tredici anni, quando ricevetti per Natale una macchina da scrivere Smith-Corona portatile. Il primo tentativo di scrittura, che abbandonai velocemente, fu una satira che ridicolizzava Sigmund Freud e la sua enfasi sulla centralità del sesso nel comportamento umano. Scelsi Freud non perché volessi polemizzare sul contenuto del suo pensiero ma perché mi sembrava la prima persona nella mia vita che avesse scoperto qualcosa di cui valesse la pena scrivere, qualcuno che credeva in qualcosa di più grande di lui. La figura di Freud fu per me incontestabilmente quella di un'icona. Fu il mio primo padre simbolico e per questo fu un ottimo bersaglio di aggressioni verbali e di esercizi intellettuali. La mia familiarità con la psicoterapia è il risultato della mia personale esperienza con due diversi analisti. Il lavoro che segue è frutto soprattutto della mia esperienza terapeutica più recente. Questo lavoro non sarebbe stato possibile senza la psicoterapia.

Non ho nessun tipo di formazione invece nei riguardi della musica classica. Non so suonare uno strumento, né analizzare una partitura, né comporre un brano. Ho tuttavia un'intensa relazione emozionale con la musica classica. Questa relazione germogliò quando misi un 33 giri in vinile della *Sinfonia n. 5* di Beethoven a volume altissimo per non sentire il "raglio" cupo che saliva dalla strada e penetrava dalle finestre di una casa popolare a New York. Da quel momento la musica classica ha rappresentato per me uno scudo dal mondo e non un riflesso di esso. Dal mio punto di vista idealistico e ingenuo il principale potere della musica, il suo aspetto più terapeutico, è dato dall'emancipazione dal mondo cognitivo delle parole, dalle strutture narrative e dall'ideologia. L'uso della musica in questo testo teatrale è dunque frutto della relazione tra essa e la mia posizione personale. Almeno, così dovrebbe essere. Incontrai per la prima volta Gustav Mahler quando ero studente universitario: ascoltando la sua *Sinfonia n. 8,* la "Sinfonia dei Mille" fui sopraffatto dalla sua eterea grandezza sia della musica che del compositore.

Personaggi

Sigmund Freud

Gustav Mahler

Alma Mahler

Ufficiale della Gestapo

Voce maschile

Cameriere

Scene e movimenti

Scena I (Largo)

Appartamento di Sigmund Freud, Vienna IX, Berggasse 19

3 Giugno, 1938

Tardo pomeriggio

Scena II (Andante)

Casa estiva (di vacanza) e dintorni, Leiden, Olanda

26 Agosto, 1910

Tarda mattinata e primo pomeriggio

Scena III (Allegro con moto)

Casa estiva e dintorni, Leiden, Olanda

26 Agosto, 1910

Tarda mattinata e primo pomeriggio

Scena IV (Larghissimo)

Appartamento di Sigmund Freud, Vienna IX, Berggasse 19

3 Giugno 1938

Mezzanotte

Note alla regia

Dal titolo originale di quest'opera, *FreudMahler*, possono essere tratti altri titoli. Gli elementi possono essere scambiati e trasformati in modo da mettere in risalto sfumature della regia. Alcune messe in scena possono avere come titolo l'originale - *FreudMahler*- e altre *MahlerFreud*. I tempi musicali associati a ogni scena sono drammaturgicamente fondamentali, segnano il ritmo del dialogo, i movimenti fisici dei personaggi, la risonanza emozionale delle loro parole, il carattere del sottofondo musicale e -come in una partitura- possono essere realizzati con una certa flessibilità.

Un'indicazione relativa all'andamento della musica e all'atmosfera della prima scena si trova in una registrazione di Sigmund Freud realizzata dalla BBC il 7 dicembre 1938 durante il suo esilio nel Regno Unito, registrazione che si trova su internet.Nelle Scene II e III, prima e dopo alcune parole chiave, Mahler dovrebbe fare piccole pause inserite dal regista secondo la sua interpretazione del testo; ne risulterà un ritmo rallentato dei dialoghi che non riguarda la difficoltà di scegliere la parola giusta, né è una debolezza espressiva, ma piuttosto sottolinea che il personaggio vuole che queste parole chiave "precipitino" nel discorso. La pausa permette alle parole di avere un proprio spazio "scultoreo". In certi passaggi l' "isolamento" della parola-chiave crea una minacciosa penombra: gli spettatori attendono e anticipano la parola che sta per esplodere.

Le Scene II e III possono essere invertite e anche gli attori che interpretano Freud e Mahler possono scambiarsi i ruoli.L'ufficiale della Gestapo, il cameriere e la voce maschile dovrebbero essere interpretati dallo stesso attore.

SCENA I (Largo)

Appartamento di Sigmund Freud, Vienna IX,
Berggasse 19

3 Giugno, 1938

Tardo pomeriggio

Mentre si alza il sipario sul palcoscenico buio, l'orchestra attacca l'inizio -Trauermarsch- della *Sinfonia n. 5* di Mahler. Le note vengono brutalmente coperte e sommerse dall'apertura della *Sinfonia n. 5* di Beethoven. Con la stessa brutalità esplode dall'orchestra una disarmonia cacofonica.La cacofonia si trasforma gradualmente in "Horst Wessel Lied", l'inno del Partito Nazista. Man mano che sfuma la musica si sentono canti e urla -"Juden Raus" e "Sieg Heil"- mentre la luce illumina gradualmente l'appartamento di Sigmund Freud a Vienna, in Berggasse 19. Durante l'intera scena il palcoscenico resterà poco illuminato. Predominano le ombre. I suoni esterni irrompono improvvisi.

Una struttura in compensato simula l'appartamento. È ben visibile alla destra della porta una placca di bronzo con la scritta "Prof. Dr. Freud". La struttura non occupa tutto il palcoscenico. Lo spazio vuoto alle spalle suggerisce la citta' di Vienna. Si scorgono le insegne del caffè Landtman, il profilo del teatro dell'Opera, dell'Universita' di Vienna e dell'Hofberg e della Ringstrasse. Durante tutta la scena si scorgono delle fiamme e si sentono i crepitii del fuoco, mentre un ufficiale in divisa della Gestapo sui 25 anni rimane in piedi all'entrata dell'appartamento.

Gli scaffali dei libri e la vetrina delle curiosità sono vuoti. I tappeti sono arrotolati e legati.Quadri e fotografie incorniciate sono accatastati. Scatoloni sono sparpagliati sul pavimento. Le finestre non hanno tende.

Al centro della stanza si trova Sigmund Freud, ma ha qualcosa di diverso dalle foto che conosciamo. Indossa un vestito a tre pezzi molto liso. Mancano alcuni bottoni. La barba è incolta, i capelli spettinati.Il caratteristico sigaro è ridotto alla dimensioni di un pollice. Ha 82 anni e i suoi movimenti testimoniano gli effetti dell'invecchiamento e dello stress. Cammina a scatti e ricurvo. Ogni tanto, durante la scena, guarda Vienna che brucia sullo sfondo.

Per tutta la scena si muove unicamente dentro i confini dell'appartamento.

Dalla destra del palco appare Mahler. È il Mahler cinquantunenne, trionfante, apparentemente senza età. Il suo vestito a tre pezzi è impeccabile. È dritto come un fuso e si muove come un predatore. Si sposta all'unisono con Freud rimanendo sempre al di fuori dallo spazio delimitato dell'appartamento. La distanza che li separa è quella dei duellanti. Per tutta la scena Mahler accarezza e gioca con un bastone da passeggio.

Freud è chino. La sua espressione denota confusione e paura. Si muove nervosamente nell'appartamento toccando i mobili, gli scatoloni e la placca di bronzo. Fa scorrere le mani lungo il suo famoso divano. Guarda fuori dalla finestra sul retro del palcoscenico. Sfoglia le pagine dei libri e alcune carte prima di buttarle dentro gli scatoloni. Fa una pausa, tiene fra le mani un fascio di carte. Guarda verso la finestra, poi guarda l'appartamento, poi guarda il pubblico.

Ufficiale della Gestapo *Signor Freud! Si sbrighi! Si sbrighi!*

Freud *Non riesco più a capire questo mondo. Non capisco nemmeno me stesso. È tutto un mistero. Tutto assurdo, assurdo.*

Si muove nell'appartamento e apre un libro.

Freud *"Colui che ha capito il famoso enigma della sfinge è il migliore degli uomini". Non è vero. Non è mai stato vero. Comunque certamente non è vero ora. Come se risolvendo un enigma potessi rimediare al flagello. Patetica arroganza. Perfino i miei libri mi prendono in giro. Ho visto con un occhio solo. Ho visto in Edipo il personale ma sono stato cieco al politico. E non sono riuscito a vedere la figura che si nascondeva dietro Edipo. Non sono riuscito a vedere il galoppare della Storia.*

Si ferma, guarda e legge dei fogli a caso.

Freud *"Con il presente atto al Professor Freud è garantita la Libera Cittadinanza della città di Vienna". La libertà di essere esiliato, di essere strappato dalla mia casa come un feto dal grembo. Trauma della nascita, trauma della morte. Trauma della vita. Bilanciare vita e morte. Bilanciare maledizioni e benedizioni.*

Mahler *Quale triste oscurità scorre sotto la vita e ora emerge e la travolge.*

Freud *Mahler. Ora voi dovreste essere qui. Il rogo. Come è* *stata puntuale la vostra visione. Come avete visto bene quello che io rifiutavo di vedere. Come avete udito bene quello che rifiutavo di udire. E voi, voi che avete cercato ME per capire! In un pomeriggio. In quattro ore. Il lavoro di comprensione a cui ho dedicato una vita intera distrutto nello spazio di tempo di un'ordinaria serata all'Opera di Vienna.*

Freud solleva e scuote delle carte.

Freud *Il primo telegramma di Mahler. Il secondo. Il suo terzo telegramma. Tutti uguali. "Gentile Professore, la prego umilmente, perché sono in grande difficoltà. La prego di accettare di incontrarmi. La devo vedere immediatamente. Non esagero quando dico che è una questione di vita o di morte". Poi il ripensamento. Il suo vacillare. Dubbio. Tira e molla. La sua resistenza.*

Mahler *Stavo morendo. Ero disperato. Impotente. La mia musica. Il mio matrimonio. La mia vita. Tutto.*

Freud *E io ero in vacanza. Non ero nel mio ambiente. Il posto, né mio né suo. Non ero in un luogo dedicato alla cura. Ero su un campo di battaglia. Ero via, lontano da casa. Ma lui mi costrinse a una seduta immediata. Non poteva aspettare settembre quando entrambi saremmo stati a Vienna. Era di gran fretta, come un turista americano che sul binario della stazione guarda ogni minuto il suo orologio.*

Mahler *È stato duro per me prendere il treno per Leida, sottostare ai vostri orari. Era così improrogabile il vostro treno per la Sicilia, ad agosto? Non poteva esserci una variazione di programma? Vacillai. Resistetti. Avevo paura. Ne avevo motivo. Era in gioco la mia esistenza. Ma voi dovevate andare in Sicilia! In agosto!*

Freud *E lui pensava di poter "dirigere" la terapia come si dirige un'opera. Chi era il terapeuta? Chi era il paziente? Era tutto sbagliato.*

Mahler *Volevate il controllo. Avevate bisogno del controllo. Gli eventi l'hanno dimostrato.*

Freud *Come potevo rifiutare il grande Mahler? Quale che fosse la situazione. Dovevo accontentarlo. Herr Director doveva essere ubbidito. Era lui il padrone di casa. Chi avrebbe potuto rifiutare? Ma Mahler è venuto solo perché stavo per partire per la Sicilia.*

Mahler *Non potevate rifiutare una nuova vittima. Soprattutto una vittima che sarebbe stata un trofeo.*

Ufficiale della Gestapo *Signor Freud! Si sbrighi! Si sbrighi!*

Mahler *Luminoso come un'alba.*

Freud *Meglio che siate vivo solo nel ricordo. Sono un moribondo in una città moribonda. Ora so come doveva sentirsi Mahler. Vienna, la mia amata Vienna. Come posso partire? Come faccio a lasciare la città in fiamme? Come farò a mettere radici in una città straniera e ad arrotolare la mia lingua intorno a parole a malapena famigliari con un cancro che mi mangia la mascella? Sarei un Edipo, cieco, alienato da se stesso. Quale pulsante consapevolezza potrei sopportare dentro di me? Non certo quella di Mosè.*

Mahler *Voi continuate a soppesare movimento e stasi. Non vi siete ancora riconciliato. Eravate impaziente che mi riconciliassi. Sapevate che i Nazionalsocialisti stavano arrivando. Fanno tacere la mia musica. Eppure voi rimanete.*

Bruciano i vostri libri. Eppure, voi rimanete. Arrestano Anna . Eppure voi rimanete. Vi interrogano. Eppure, voi rimanete.

Freud *Quando Anna è stata in pericolo è stata la fine. È stata quella la fine. La Gestapo la stuprava di accuse. Rimanere fu il mio modo di resistere. Vienna era la mia città. L'Austria la mia patria. Il tedesco la mia lingua.*

Mahler e Freud parlano uno sull'altro.

Freud *Ma io sono un ebreo.*

Mahler *Voi siete un ebreo.*

Freud *L'uomo convertito al cattolicesimo riconosce un ebreo quando lo vede. La vostra conversione non vi ha aiutato. Un altro atto burocratico. Sono diventato più ebreo man mano che cresceva l'antisemitismo. Voi avete cambiato la vostra religione come se fosse un cappotto. Molto alla moda inchinarsi a Roma per poter poi inchinarsi all'Arciduca e alla platea.*

Mahler *La conversione era molto più sincera di quello che volete ammettere. Non riuscite a vedere le cose più ovvie. Tutta questa introspezione nella mente umana, nella patologia, nelle nevrosi, e non riuscite a vedere quel che sta fuori la vostra finestra.*

Freud *Vedo perfettamente. Troppo tardi. Ma perfettamente.*

Mahler *Avete il vizio di guardare da un'altra parte quando il soggetto siete voi.*

Freud *In questo eravamo tutti e due abili. Se ricordate bene.*

Mahler *Se ricordo? Siete* voi *che vi siete rifiutato di fare i conti con quello che di voi ho messo in luce*

Freud *Siete* voi *che vi siete rifiutato di confrontarvi con quello che io ho messo in luce di* voi. *Per questo avete accettato che il patto fosse blindato.*

Mahler *Il patto è stato più a beneficio vostro che mio. Non è stato uno scambio alla pari.*

Freud *Lo scambio è stato alla pari. Ci siamo feriti entrambi. Un reciproco colpo di spada.*

Mahler *Non è questo che volevo dire. Il patto è stato impari. E sono stato io a notarlo. Non voi. Volevate l'ultima parola. L'affondo finale, contro un uomo già morto. E fra tutti quelli a cui avreste potuto raccontarlo avete scelto Marie Bonaparte, conoscendo il peso del suo nome.*

Freud *Era una collega.*

Mahler *Una collega di comodo. Null'altro che una collega?*

Freud *Collega e qualcosa di più.*

Mahler *E molto di più. Voi le avete rivelato quel che era protetto dal nostro patto.*

Freud *Un patto non è un giuramento.*

Mahler *Conveniente distinzione, per avvocati, angeli, demoni e psicanalisti.*

Freud *C'erano dei motivi per rompere il patto. Ho ceduto aprendomi a lei, incantato della sua comprensività.*

Considerate lei come Alma. Ma non siamo d'accordo su nulla. Tantomeno sull' amore.

Ufficiale della Gestapo *Signor Freud! Si sbrighi! Si sbrighi!*

Freud *Non quando si tratta di arte. Né quando si tratta della vita.*

Mahler *Nella furia della lotta ci siamo feriti entrambi. Nelle confessioni c'erano dolore e pace. La mia indole mi rende prigioniero. Così come è accaduto a voi.*

Freud *Quello che è venuto fuori era troppo. Più di quello che doveva essere. È stata colpa vostra.*

Mahler *Su di voi non è trapelato nulla all'esterno. Quel che avete rivelato riguardava solo me. Il silenzio ci avrebbe entrambi protetto.*

Freud *Il patto garantiva la nostra reciproca protezione. Ma possiamo non essere d'accordo.*

Mahler *Adesso come allora.*

Freud *Adesso come allora la vostra visione è stata migliore della mia.*

Mahler *L'abilità del direttore d'orchestra sta nel rivelare il lavoro di un altro. Così io vi ho svelato il vostro lavoro. Voi mi avete invitato a farlo.*

Freud *Siete così sicuro della vostra interpretazione. Ricordate: è stata un'impegnativa collaborazione. Dovevamo essere in due per portare avanti l'analisi.*

Mahler *So bene cosa significhi collaborare. Vedo come collaborate. Come lo rendete facile per quelli là.*

Freud *Collaborare? Voi chiamate questo collaborare. Parto.*

Mahler *Anche il vostro partire è un modo di collaborare. Lo fate alle loro condizioni non alle vostre. Pagate un prezzo per il privilegio.*

Freud *Facile per qualcuno che non è mai stato interrogato dalla Gestapo. Facile parlare quando non si ha una figlia arrestata e tenuta prigioniera per un giorno. Eppure, ho resistito. Ho resistito piegandomi . Raccomando vivamente a tutti la Gestapo. E non sono i miei soldi che aprono la strada verso la salvezza.*

Mahler *Voi accettate di pagare. Con quali soldi?*

Freud *Quelli di Marie Bonaparte. Dovete sentirvi vendicato. Vittorioso.*

Mahler *La mia vendetta non è una vittoria. È una sconfitta. Ma i musicisti sono stati i primi ad annusare il pericolo.*

Freud *Il pericolo che proviene da altri musicisti. La musica è una guerra che si compie con altri strumenti.*

Mahler *Così come la psicanalisi. Ma i musicisti sono stati i primi a captare il barbaro discorso gutturale. Toscanini ha detto no a Bayreuth mentre voi vi avvinghiate a Vienna.*

Freud *Avvinghiarsi non era il vostro problema. Voi non vi aggrappate che alle vostre nevrosi e alla vostra musica. Non vi siete aggrappato a me. Mi avete frettolosamente abbandonato. Avete preso quel che volevate e ve ne siete andato senza* *saldare il conto.*

Mahler *E voi avete inseguito Alma per essere saldato! Sono io che avrei dovuto presentarvi il conto!*

Freud *Sapete perfettamente ciò che si condivide e ciò che ci si scambia. Spazio. Tempo. Parole. Soldi. Tutti sono fondamentali. La parcella non era per placare la mia avidità ma una tappa necessaria a completare il percorso terapeutico. Senza il pagamento ci sarebbe stata una mancanza. Alma doveva colmare quel vuoto.*

Mahler *Anche nella morte.*

Freud *Avete tratto beneficio dalla terapia. Anche Alma. La parcella è il segno palpabile dell'impegno. La parcella mi era dovuta in ogni caso.*

Mahler *La guarigione esigeva un prezzo alto. Nell'accettare il vostro programma, ho raggiunto amore e intimità, ma ho rinunciato alla creatività e alla vita.*

Freud *Eravate incapace di accettare. Siete andato via lasciando la cura a metà perché non potevate accettare l'analisi.*

Mahler *La vostra mezza cura è il massimo che potevate raggiungere.*

Freud *Quando siete arrivato da me eravate come una sezione di ottoni disarmonici che emettono suoni lamentosi per le loro scarse capacità. Avreste potuto andarvene una volta accettato la mia interpretazione, diventando un'orchestra armonizzata in grado di eseguire il più complesso degli spartiti.*

Mahler *Ma la vostra interpretazione era falsa. La versione che avete condiviso con Marie Bonaparte era vera a metà. Avevo bisogno di un primo violino non di un direttore d'orchestra che mi rimpiazzasse.*

Freud *Non potevate abbandonare la bacchetta. Neanche per un pomeriggio.*

Mahler *Non potevate tenermi in pugno.*

Ufficiale della Gestapo *Signor Freud! Si sbrighi! Si sbrighi!*

Mentre le luci sfumano fino a lasciare il palcoscenico completamente al buio, i rumori esterni gradualmente si affievoliscono lasciando il campo a un sassofono dal suono funereo.Cala il sipario.

Fine della scena

Scena II   (Andante)

Casa di vacanza e dintorni, Leiden, Olanda

26 agosto, 1910

Mattina e primo pomeriggio

Il sipario si alza su un palcoscenico inondato di luce. La scenografia rappresenta il vecchio Reno, case del diciassettesimo secolo lungo il fiume e molti fiori. Il palcoscenico è diviso in due parti. Sulla destra sono stilizzate le vie tortuose e i cortili del centro di Leiden. Sulla sinistra è raffigurata la casa di vacanza di Freud a Leida. Il soggiorno evoca una compiacenza vittoriana tipicamente borghese. C'è un grande tappeto liso, molte grandi sedie dall'imbottitura eccessiva; una lampada decorata, un grande divano e una scrivania piena di libri e fogli.

Sigmund Freud è seduto alla scrivania. Nonostante sia vestito in modo informale, ha un'aria autorevole. La sua barba e i capelli sono scuri e in ordine. È seduto con la schiena dritta su una sedia di legno. Fuma solennemente un sigaro mentre scrive e guarda dei fogli sulla scrivania. Osserva un orologio poggiato su un piccolo tavolino. Trepidante osserva la finestra alla sua sinistra, poi ritorna al suo lavoro quindi guarda fuori di nuovo. Dalla destra del palcoscenico compare Gustav Mahler. Fa la sua entrata in modo caotico, frettoloso e con un evidente zoppìa che persiste durante tutta la scena. I suoi capelli sono spettinati. Ha la barba lunga di un paio di giorni. Il suo vestito è stropicciato. Mentre bussa alla porta è affannato. Freud guarda l'orologio e riprende a lavorare. Mahler si ricompone, riprende fiato, si sistema i capelli e bussa con più forza. Freud guarda verso la porta, si ferma un attimo, e quindi si rimette alla scrivania. Mahler visibilmente agitato bussa e ribussa con più insistenza. Freud poggia i fogli, si alza lentamente e va con calma ad aprire la porta.

Mahler *Signor professore. Sono così sollevato che siate qui, che mi possiate vedere.*

Freud *Maestro siete in ritardo. Per favore, accomodatevi.*

Freud indica a Mahler una delle sedie e si siede sull'altra. Squadra Mahler con occhio clinico. Per tutta la scena Mahler si agita senza requie.

Mahler *Mi scuso per il ritardo e per il modo precipitoso con cui sono giunto da voi. Ho preso per un pelo il treno da Innsbruck. Il tassista non trovava il vostro indirizzo. Ci siamo persi in un labirinto di vicoli. Le sono grato di ricevermi lo stesso anche in queste insolite circostanze. So che questo non è il protocollo normale.*

Freud *Non è il protocollo normale. Non siamo nell'ambiente adatto per una terapia. C'è troppa informalità. Non sono nel mio elemento. Questo non è un luogo adatto per una terapia.*

Mahler *Capisco. Se avessi potuto aspettare lo avrei fatto. Ma come vi ho scritto nei miei telegrammi sono disperato, la mia disperazione è ulteriormente aumentata negli ultimi giorni. La mia situazione è grave.*

Freud *In che senso? Quali sono i vostri sintomi?*

Mahler *Sono sopraffatto da una reiterata e caotica esplosione di emozioni ansiose. Non riesco a dedicarmi seriamente a nessuna attività. Non riesco a lavorare. Non riesco a dormire. Mangio a spizzichi e bocconi. Sudo senza ragione. Mi siedo per rialzarmi subito in preda a un'agitazione nervosa. Non riesco a concentrarmi.*

Freud *Avete cercato l'aiuto di un medico?*

Mahler *Sì. E mi hanno consigliato voi.*

Freud *Avreste potuto scegliere qualcun altro, qualcuno disponibile a Vienna. Perché proprio io? Perché questa urgenza di incontrarmi qui? A quest'ora?*

Mahler *Cinque anni fa avete aiutato il mio assistente, Maestro Walter, a riprendere il controllo della sua mano. Io ho perso il controllo di tutto.*

Freud *Quel trattamento è durato sei sedute. Allora ignoravo molte cose che oggi invece conosco. È migliorata la mia percezione di cosa sia la cura profonda, è diventata più esauriente. Oggi non farei quel che ho fatto allora. Oggi qui non possiamo che fare un lavoro poco significativo. Non mi faccio illusioni sulla prognosi o sulle mie o le vostre capacità. Non dovreste fare affidamento sulla mia comprensione della musica. È praticamente nulla.*

Mahler *Mi va bene. Capisco l'eccezionalità della situazione. Ma sono disperato. E sono qui.*

Freud *Possiamo iniziare. Ma dovremo proseguire le sedute a Vienna. È indispensabile. Oggi possiamo fare poco. Qualunque risultato sarà eccezionale date le condizioni. Dobbiamo* *scavare nel vostro passato. È un lavoro molto difficile. Richiede autoconsapevolezza, totale disponibilità a fidarsi. E nessuna paura. Richiede tempo.*

Mahler *Sono a conoscenza dei vostri metodi grazie al Maestro Walter e alla lettura. Il fatto che il mio lavoro sia dirigere l'opera mi è stato di aiuto. La mia angoscia è così grande che non ho alcuna paura.*

Freud *Continuo a non farmi illusioni. Ma possiamo iniziare.*

Mahler *Devo sedermi sul divano?*

Freud *Per ora non ce n'è bisogno. Parliamo e vediamo come andiamo avanti, se andiamo avanti.*

Mahler *Iniziamo.*

Freud *Prima di tutto, vorrei che voi mi parlaste dei telegrammi e degli appuntamenti cancellati.*

Mahler *Ero una cascata di emozioni. Non sapevo quello che volevo. Non ero sicuro dell'efficacia di questo trattamento. E sono ancora incerto. Vengo qui solo per disperazione.*

Freud *Capire la resistenza è una parte importante del lavoro.*

Mahler *Nessuna resistenza. Semplicemente insicurezza su quello che desideravo.*

Freud *Semplicemente? È tutto molto più complicato. Nel nostro lavoro andiamo a caccia di reazioni forti, rifiuti veementi, parole decise. In queste osserviamo come mascherano o coesistono con i loro opposti. Nella mente, specialmente nei suoi aspetti primitivi, le antinominie sono* *sinonimi. Le contraddizioni sono tautologie. Le tesi sono antitesi. Sono tutt'uno.*

Mahler [respirando affannosamente]*Non capisco. Sembra così in contraddizione con la realtà.*

Freud *Uno o due esempi. In ebraico la parola "berekh" significa sia "lui sia benedetto", sia "lui sia maledetto". In latino, la parola "altus" significa sia "alto" che "profondo". Quando Jahvè disse a Mosè: "Oggi vi ho elargito vita e morte, benedizione e maledizione", non stava offrendo due cose. Stava offrendo una sola cosa espressa in modi che noi consideriamo contraddittori.*

Mahler *Allora se una parola può avere due significati, due significati possono essere racchiusi in una sola parola. Idee ed emozioni opposte possono avere lo stesso significato. Noi siamo allora immersi in uno strano mondo, dove il nero è bianco e la vita è morte. L'attaccamento è alienazione.*

Freud [fra sé e sé][*Il Maestro capisce al volo. Un uomo con la sua intelligenza, introspezione e rapidità di apprendimento è un paziente eccellente*].

Freud *Forse potremmo fare progressi. A proposito della vostra resistenza...*

Mahler [interrompendolo]*La forza della resistenza significa desiderio. Più disdicevo gli appuntamenti con voi, più desideravo incontrarvi. Più forte l'attrazione, più grande è la paura.*

Freud *Esattamente. Lo tenga presente man mano che andiamo avanti. Nei sogni, nella psiche profonda, non ci sono opposti.*

Tutto è uno. Possiamo passare ad altri temi.

Mahler *Sembra tutto così magico. Così fuori dal mondo della ragione.*

Freud *Dobbiamo andare avanti. Maestro, avete scritto nei vostri telegrammi che eravate angosciato, consumato da un problema.*

Mahler *Sì, un problema profondo e soffocante.*

Freud *Che tipo di problema?*

Mahler *Un blocco.*

Freud *Personale?*

Mahler *Peggio.*

Freud *Sessuale?*

Mahler *Peggio.*

Freud *Artistico?*

Mahler *Peggio.*

Freud *Peggio?*

Mahler *Esistenziale.*

Freud *Questo non è il mio campo. Avete bisogno di un filosofo o di un teologo.*

Freud *[tra sé e sé][O un prete o un rabbino. Chiunque soddisfi* *le vostre attuali aspettative*].

Mahler *Se devo recuperare avverrà nella vostra arena.*

Freud *Cosa volete recuperare?*

Mahler [parlando e ansimando, molto in difficoltà]*Mia moglie. La mia vita. Il mio lavoro. Ne ho perso una e sto perdendo le altre.*

Freud [distogliendo lo sguardo da Mahler] *Mi dica di sua moglie.*

Mahler [con crescente stupore]*Mia moglie Alma ha la mente più radiosa e seduttiva che esista. Quando applica la sua intelligenza a qualche oggetto fisico, a qualche evento storico, a qualche brano di letteratura o di musica, quella cosa viene illuminata dalla bollente ma carezzevole luce della sua intelligenza. Descrive l'oggetto, il posto, l'emozione, con un insieme erotico di parole, accompagnato da un dondolio del corpo. In quell'attimo sgorga in me un grande desiderio. Vi è una grazia ondeggiante anche nel suo modo di camminare, una danza lieve, un che di flessuoso. Ci sono delle volte che si aggira tranquilla in un'oziosa percezione di quello che la circonda. Eccola lì sull'erba baciata dalla rugiada o nell'ombra di una pergola o mentre indugia nei negozi sui viali. Assorbe la scena e le infonde la sua bellezza. Ci sono momenti in cui Alma si gira per guardarmi e la sua anima in fiamme affiora nel suo corpo e lei esplode in un ampio sorriso. Lei in questi momenti è una trionfante alba nel buio, un Est senza nuvole sulla punta di un vorticoso tornado E di nuovo mi innamoro di lei.*

Freud [dopo una pausa] *E voi?*

Mahler *Sono nell'occhio del ciclone.*

Freud *Mi racconti qualcosa di più di Alma. Il suo nome mi affascina. Le parole sono importanti in questo lavoro. Le parole sono tutto quello che abbiamo.*

Mahler *Mia cara Alma, mia carissima Alma. Ha vent'anni meno di me. Abbiamo una vita così felice. Ma è successo qualcosa. Qualcosa di terribile.*

Freud *[fra sé e sé][Doppio ruolo. Marito e padre].*

Freud *Vada avanti.*

Mahler *Ha una relazione. Una relazione sessualmente intensa.*

Freud *Come lo sapete?*

Mahler *[con agitazione crescente]Lui ha indirizzato una lettera d'amore a me, invece che ad Alma: "Non posso vivere senza di voi. Se provate un filo di sentimento nei miei confronti, se avete un minimo di rispetto per la sacralità del nostro letto, dovete lasciare vostro marito e unirvi a me".*

Freud *Ha indirizzato la lettera a voi? Come è accaduto?*

Mahler *[sudando per l'ansia]Un giorno mentre sedevo al pianoforte ed Alma era seduta dall'altra parte della stanza, notai sulla tastiera una lettera indirizzata a me vergata da una mano incerta ma maschile. Sono rimasto perplesso. Ho aperto la lettera con curiosità ma senza preoccuparmi minimamente. È stato uno shock: "Mia carissima Alma. Sono qui sdraiato a godermi beatamente i postumi del nostro amarci. Sono avvolto dall'odore del nostro amore".Per una frazione di secondo ho* *pensato di essere io l'autore di quelle parole, che avessi scritto la lettera in uno stato di delirio incosciente. Ma la lettera era del suo amante. Potete immaginare la mia agitazione mentre leggevo la dichiarazione d'amore e l'allusione al loro amplesso? Le emozioni erano così profondamente mie. I sentimenti per Alma, per la mia Alma, erano i miei. La lettera parlava di carni avvinghiate e percepivo sulla punta delle dita i resti ormai asciutti del loro sudore, mischiarsi e incollarsi all'inchiostro. Per un istante sono stato io l'autore, ma la mano era quella di qualcun'altro. L'autore era un altro. Ho tremato di rabbia. Sono ammutolito.*

Freud *Vi prego, continuate.*

Mahler [quasi in lacrime]*Non c'era modo di evitare questo fulmine a ciel sereno. Avevo tra le mani la prova della loro relazione. Era lì, proprio fra noi. Come lo schiaffo dato con il guanto che invita al duello.*

Poi, un altro fulmine a ciel sereno. Interrogata, mi ha rivelata la causa. Ero distante, indifferente. Ero sordo e cieco alla sua esistenza. È sopraggiunta dunque una consapevolezza dolorosa e sanguinante: dovevo a lei, a lei alla quale ero stato così profondamente unito, qualcosa che era al di là della mia capacità. Mi ero inflitto da solo la ferita dell'essere colpevole.

Freud *Cosa avete detto ad Alma?*

Mahler *Le ho detto che l'amavo. Che la volevo. Che avevo bisogno di lei. Che senza di lei la vita era impossibile. Abbiamo pianto. Abbiamo girato in tondo fra urla e lacrime. Le rivelazioni sono state devastanti. Per lei il nostro matrimonio non era un matrimonio, la sua vita era talmente insoddisfatta da aver accettato la corte di un altro con un* *sottile piacere vendicativo.*

Freud *La prego, continui.*

Mahler *Abbiamo camminato tutto il giorno, tutte e due in lacrime. Non sapevo chi avessi accanto. Non sapevo più chi fossi. Ero senza corpo, senza pensieri. Ero solo sentimento. Lei era tutta passione. C'era un enorme baratro. Alla fine, anche se con difficoltà e sconvolta, Alma mi detto che non poteva lasciarmi. Ero annichilito, avevo scambiato la parola "lasciarmi" con la parola "amarmi". Poi mi ha detto che il suo amore era infinito e travolgente. Ho capito il mio errore. Immediatamente sono andato in estasi. Ma ero ancora roso dal dubbio.*

Freud *Ancor più doloroso deve essere stato vedere il nome del vostro rivale. Vedere il segno lasciato dalla ferita.*

Mahler *Non era un'astrazione, era uno studente di architettura. Il signor Walter Gropius.*

Freud *Quanti anni ha?*

Mahler *È più giovane di Alma.*

Freud [fra sé e sé][*Alma è dilaniata tra il bisogno di un marito e il bisogno di un padre. La distanza sessuale di Mahler deriva dal suo percepirsi come figura paterna. È sottoposto alla proibizione dell'incesto. E per quanto riguarda Gropius, ha dato ad Alma quello che Mahler le ha negato*].

Freud *Perché la lettera è stata indirizzata a voi e non ad*

Alma?

Mahler *Non lo so. È stato un errore. Una distrazione della penna.*

Freud *Non ci sono errori. Non esistono errori. Sotto la superficie si nasconde sempre una profonda motivazione che deve essere portata alla luce e non importa quanto essa sia in contraddizione con la ragione o con la superficie stessa. C'è un motivo se ha indirizzato la lettera voi.*

Mahler [pensieroso e poi rabbioso]*Non lo so. Ci ho pensato. Lui non aveva intenzione di mantenere segreta la relazione con Alma. Voleva che ne venissi a conoscenza. Questo avrebbe provocato una crisi tra me e lei, forzando Alma a prendere una decisione, una decisione che lui, dopo la felicità dell'intesa fisica, aveva immaginato tutta a suo vantaggio. Era lo schiaffo dato con il guanto. In modo alquanto contorto era la richiesta a un padre della mano della figlia. La lettera mi ha relegato nel ruolo di padre togliendomi quello di marito. È stato un colpo e una ferita. Voleva farmi del male. C'è riuscito. È stato un atto drammatico e impetuoso. E non è stato l'unico.*

Freud *Vi ha scritto altre lettere?*

Mahler *No. No. Ancora più tragico, ancora più enfatico, sempre più nei panni di un delirante romantico.*

Freud *Cosa ha fatto?*

Mahler *Qualche giorno dopo la scoperta della lettera, Alma, cosa che faceva spesso, era in automobile a Toblach dove soggiornavamo allora. Da sotto un ponte è saltato fuori il signor Gropius come una specie di creatura antropomorfica di* *un bestiario medioevale. Era un satiro. Grondante lussuria e concupiscenza. Alma è tornata precipitosamente a casa in preda all'angoscia per informarmi dell'incontro, che non era stato casuale. Lui presidiava strade e ponti nella speranza di incontrarla. Alma mi ha detto che lui pretendeva una risposta alla lettera. Voleva che lei gli dicesse se mi avrebbe lasciato per stare con lui. Voleva una risposta definitiva. E anche io la volevo. Con grande forza e determinazione sono uscito a cercarlo. Sono uscito con…. una figura grottesca.*

Freud *Grottesca?*

Mahler *È imbarazzante confessarlo.*

Freud *Maestro qui c'è totale discrezione. Deve essere onesto, completamente onesto. Soprattutto perché abbiamo poco tempo.*

Mahler *Sono uscito nel tardo pomeriggio con una lanterna.*

Freud [trattenendo una risata] *Diogene in cerca della verità.*

Mahler *Certamente non a caccia di un uomo onesto. Sono sceso in strada cercandolo freneticamente. Ero fisicamente in preda a una fortissima rabbia. E l'ho trovato!*

Freud [con un sussurro] *Voleva essere trovato.*

Mahler *Gli ho ingiunto di seguirmi e l'ho scortato fino a casa. In fila come se fossimo due militari, tenevo la lanterna davanti a noi. Non ci siamo scambiati nemmeno una parola. L'unico rumore era lo scricchiolio dei nostri passi mentre marciavamo in direzione della casa. Qui l'ho messo di fronte ad Alma. Esausto e non disposto a essere testimone della mia stessa* *sconfitta sono andato in camera, ho acceso due candele e le ho messe ai due lati della mia scrivania. Sono rimasto lì in preghiera. Il tempo passava lento. Un tempo eterno. La tensione è cominciata a crescere. Ho cercato la Bibbia e ho iniziato a passeggiare avanti e indietro, sfogliando il testo in cerca di conforto, luce e speranza.*

La fiamma delle candele oscillava mentre andavo confusamente avanti e indietro per la stanza e come un pazzo cercavo un barlume di saggezza nelle Scritture. *Il* Libro dei Salmi. *No.* Il sermone della Montagna. *No.* La Genesi. *No. Non riuscivo a leggere le parole. Avevo la vista sfuocata. Le lacrime mi hanno inondato gli occhi. Il mio cuore batteva come un timpano, il mio camminare su e giù è diventato più ossessivo. Ora Alma era con me nella stanza. Ho visto la forza dirompente dell'emozione e dell'ambiguità travolgerla. Le ho urlato: "Qualunque cosa farai sarà quella giusta! Decidi".*

Freud [fra sé e sé][*"Decidi". È come l'ordine impartito dalla bacchetta a un solista. Anche nell'angoscia il Maestro Mahler dirige*].

Mahler [in preda a un forte tremore]*Si è fatto un vuoto. Un bianco calore di luce. Sono caduto dentro, sono caduto nell'abisso di me stesso. Quando ho ripreso conoscenza Alma era al mio fianco, ma persino nel pacifico risveglio della vittoria c'era un dubbio vertiginoso dal quale non potevo sottrarmi. È ancora in preda a quel vortice che vengo da voi. Sono diventato una caricatura patetica. Non posso sopportare di essere lontano dal respiro di Alma. La porta della sua camera deve essere sempre spalancata. Quando durante la notte il dubbio trasuda dalla mia anima, devo andare in camera sua e starle vicino per rassicurarmi che non se ne sia* *andata. Faccio in modo che lei si chini per mettere il suo orecchio vicino al mio cuore, come testimonianza e sigillo della sua dedizione nei miei confronti. Lei si mette in ascolto del battito incerto del mio cuore e del mio respiro che monta e si ritira. Diligentemente lo paragona alla mia partitura. Quando compongo spesso mi butto sul pavimento per essere più vicino alla Terra e per versare lacrime di un'intensità stucchevole.*

Freud si alza e va verso Mahler. Lo circonda con le braccia per sostenerlo e l'aiuta ad alzarsi dalla sedia. **Freud**

Venga. È meglio camminare.

Mahler *Dobbiamo fermarci.*

Freud *No. Abbiamo fatto progressi.*

Freud porta Mahler alla destra del palcoscenico, dove c'è un'immagine del centro di Leiden, e camminano in tondo, adagio.

Freud *Trovo che Leiden sia una città attraente e riposante. Sento un'affinità con le città universitarie. Mi fanno sentire a casa. Come vi sentite?*

Mahler *Meglio, ora che siamo all'aperto. Avevo bisogno di sollievo. Mi sentivo oppresso da macigni di parole.*

Freud *Mi piace camminare in città così. Questa l'apprezzo specialmente per il suo toponimo. È adatto per il nostro lavoro. Non pensate?*

Mahler *Il nome mi dice qualcosa. Capisco che possa essere una metafora del suo metodo terapeutico. La bottiglia di Leida* *ha poli metallici equivalenti e opposti. Una sorta di isolante e una fonte di elettricità. La bottiglia mantiene elettricità statica e diviene un serbatoio. Quando i due poli sono collegati scocca una scintilla. Come nel vostro metodo. Non è così? È per questo che volevate incontrarmi qui? Non è un caso, vero?*

Freud [fra sé e sé][*Al maestro non sfugge niente*].

Freud e Mahler si siedono a un piccolo tavolo di ferro. Un cameriere porta loro un caffè.

Freud *Per me era comodo incontrarvi qui. Come vi ho detto, la città mi piace. La trovo congeniale alla mia natura e alla scrittura. A Vienna sono oberato di impegni. Leida è certamente carica di significati. Ma non tutte le parole e i toponomi sono così densi di significato come Leiden. Ma voi avete alcuni nomi rivelatori nella vostra storia. Sarebbe interessante sentire come li considerate.*

Mahler *Potremmo iniziare con il mio cognome, che vuol dire "pittore". Scontato per voi, non per me. Voi sarete più interessato a un'altra forma di Mahler: "Moler".*

Freud [con un sorriso]*Sì. Colui che circoncide. Possiamo proseguire su questa via? Ma perché "pittore" è così significativo?*

Mahler *Il padre di Alma era un pittore.*

Freud *E "Alma"?*

Mahler *Non è un caso. Alma mi sostiene, nutre la mia anima. Senza di lei non esisterei. Ogni sinfonia che compongo, ogni brano musicale che dirigo è per lei. Ogni nota. Ogni sfumatura* *nella direzione dell'orchestra. La sincronia degli archi. Il basso continuo del clavicembalo. Il luttuoso e saggio dolore del fagotto. Tutto per lei.*

Freud [fra sé e sé] [*La dea madre degli antichi romani. La Vergine Maria del cattolicesimo. Nessun altro nome potrebbe essere altrettanto perfetto, così attraente*].

Freud *Il nome di vostra madre?*

Mahler *Si chiamava Maria e il nome di sua madre era Marie.*

Mahler fissa in lontananza.

Freud *Siete con lei adesso?*

Mahler *Sì.*

Freud *Cosa vedete?*

Mahler [trasognato]*Sono in un momento speciale. Un posto speciale. Il mio primo e più bel ricordo è imparare a leggere la musica circondato dal suo braccio. Non avrò avuto più di cinque anni. Un giorno, mentre il sole brillava tiepido e si avvertiva nell'aria l'arrivo della primavera, ero in piedi su una sedia di legno di quercia e cercavo di raggiungere il banco di lavoro in cucina. I miei gomiti in equilibrio sul legno consunto da anni di lame di coltello, alla mia sinistra la finestra e una luce travolgente. Era dietro di me, alla mia destra. Il suo braccio sinistro era intorno alle mie spalle. Davanti a me c'era il magico, mistico foglio di carta con i segni runici che mi facevano venire le vertigini, simili a ellissi frastornanti. Ero affascinato e spaventato. Ma lei era lì. Al di fuori di lei vi era il caos e una cupa paura. E la virtuale presenza di mio padre,* *una presenza tetra. L'indice destro di mia madre viaggiava lungo i segni neri sulla pagina, pronunciava i suoni corrispondenti e batteva il ritmo. Sentivo il grande calore del suo corpo, il dolce oscillare della voce. Col tempo ho imparato a capire le chiavi, le note, le battute. E i ritmi mi sono diventati naturali. Tanta è stata l'intensità di quei momenti che quando leggo una partitura o ascolto musica, torno a quella scena, a quella sicurezza, a quella luce, all'eterno fluire della musica.*

Freud [dopo una lunga pausa] *E altri ricordi?*

Mahler *Uno in particolare. È molto doloroso. Troppo doloroso da raccontare.*

Freud *Lo dovete raccontare. Se è doloroso deve essere significativo. Abbiamo poco tempo.*

Mahler [con angoscia crescente]*Questo ricordo risale a quando non aveva più di cinque anni. Ed è accaduto così tante volte. Mio padre, più simile a una bestia che a un essere umano, aggrediva a male parole e a pugni la mia povera madre. In quei momenti l'intera casa trasudava l'odore della sua virilità e della sua violenza. Era avvolto da una nube puzzolente di birra e sigarette.Potevo a malapena respirare, quando quell'odore avviluppava anche me. Ero schiacciato dal suo essere maschio. Il suo viso esprimeva superiorità fisica e minaccia. Era completamente diverso da mia madre. Un giorno era in uno stato di rabbia particolarmente aggressivo e disgustoso e si è accanito contro mia madre che torceva il corpo, si piegava per trovare una posizione che le permettesse di schivare e rendere meno dolorose le botte. Le sue parole e i suoi pugni cadevano su di lei, l'intensità dell'emozione scuoteva il mio essere più profondo. Sono corso verso di lui inutilmente stringendo i pugni. Mi ha spinto via con violenza.*

Non potevo più sopportare la scena, non potevo più sopportare l'impotenza. Mi sono precipitato fuori casa pieno di rabbia nella strada affollata di gente. Nella foga colma sono caduto addosso a un suonatore di organetto che suonava "O du Lieber Augustin". In un attimo sono passato dalla tragedia alla volgarità di quella canzoncina.

Freud [dopo una lunga pausa]*Sono entrambi ricordi molto forti, che hanno bisogno di analisi. Più di quella che riusciamo a portare avanti. Ma c'è qualcosa in più che questi ricordi vi suggeriscono? C'è qualcosa in essi che vi sembra particolarmente attuale ai vostri occhi?*

Mahler [dopo una lunga pausa e poi con crescente consapevolezza]*Spesso le mie composizioni sono state criticate, non solo da altre persone ma anche da me stesso, perché improvvisamente e irrazionalmente piombano da gloriose vette alla frivolezza. È un aspetto del mio lavoro sul quale apparentemente non ho controllo. La discesa è frutto di un istinto inevitabile e incorreggibile che mi rende ancora oggi confuso. Ora riesco a vedere che il contrasto tra la forte emozione generata da mio padre che aggredisce mia madre e la canzoncina triviale della strada resta fisso nella mia mente e, proprio come una calamita attira la limatura di ferro, risucchia le mie composizioni, che vengono deformate da un'impronta della memoria e come le limature di ferro disegnano la forma delle barre magnetiche della calamita.*

Freud [dopo una lunga pausa]*E il primo ricordo? Cosa significa per voi?*

Mahler *Ogni cosa nasce da quell'abbraccio e da quel nutrimento.*

Freud *Non mi sorprende che abbiate scelto come moglie una donna chiamata "Alma", ancor meglio avrei capito se aveste sposato una donna di nome "Maria".*

Mahler [un po'sorpreso, ma sempre come in sogno]*Il nome completo di Alma è "Alma Marie". All'inizio della nostra relazione, anche se per me la "r" ha un suono difficile, la chiamavo "Marie". Ho addirittura pensato di chiederle di cambiare nome. Ma c'è dell'altro. Una volta mentre la mia mente riemergeva dopo aver composto musica, mi sono voltato verso Alma e sono rimasto colpito dalla sua bellezza angelica, dalla purezza e tenerezza del suo viso, un viso che non lasciava trapelare alcuna traccia di dolore. Di fronte a me c'era il radioso sorriso di una Madonna eternamente giovane. Senza pensare le ho detto: "il tuo volto dovrebbe essere più affranto, ci dovrebbe essere in voi più dolore". Sono stato scioccato dalla mia schiettezza e sorpreso da quello che avevo appena detto. Confusione e paura hanno gettato un'ombra sul suo viso e nell'improvviso rossore di averle causato malessere, la strinsi in un abbraccio consolatorio.*

Freud *Perché, avreste voluto che il suo viso esprimesse dolore?*

Mahler *L'avrebbe resa più simile a mia madre. L'avrebbe resa ai miei occhi più attraente.*

Freud *E per quale altro motivo?*

Mahler *Ero di nuovo assalito dalla paura che la nostra differenza di età fosse una distanza incolmabile, una distesa d'acqua su cui non sarebbe stato mai possibile gettare un ponte. Il dolore l'avrebbe avvicinata a me. Sarei stato marito, non padre.*

Freud *E il padre di Alma?*

Mahler *Tanto profondamente e totalmente io amo mia madre, così Alma ama suo padre. Altrettanto totalmente e profondamente.*

Freud e Mahler s'incamminano verso la casa di vacanza e poi si siedono di nuovo.

Freud [dopo una lunga pausa]*Anche se non abbiamo avuto molto tempo e dovremo continuare questo lavoro una volta tornati a Vienna, si presentano delle prime ipotesi.La prima è che voi avete paura che essere vent'anni più grande di Alma rappresenti un problema per voi e per lei. Questo non è un problema. La differenza unisce. Non separa. Dovete pensare ai vostri vent'anni solo come una differenza di vent'anni. Nella "mente primitiva", che offre un punto di osservazione sul pensiero nevrotico, non esiste alcuna differenza tra vent'anni di più o di meno, ciascuno è equivalente all'altro.*

Mahler [molto concentrato]*Allora, nella mia mente una donna con vent'anni di meno, una donna che potrebbe essere mia figlia, è uguale a una donna vent'anni più vecchia, una donna che potrebbe essere mia madre.*

Freud *Precisamente.*

Mahler *E per Alma?*

Freud *Lei in ogni uomo cerca suo padre e in voi lo trova. Vuole un uomo spirituale e saggio che le ricordi suo padre. Quei vent'anni che vi preoccupano così tanto sono esattamente quello che la lega a voi. Non potreste essere rimpiazzato da un uomo più giovane. I vent'anni di differenza per lei diventano* *sia vent'anni di più che vent'anni meno. Voi diventate sia figlio che padre.*

Mahler [ansiosamente]*Questo è molto inquietante. La vostra analisi implica che nella mia mente ho avuto relazioni sessuali e ho sposato sia mia madre che mia figlia e che Alma abbia avuto relazioni sessuali e abbia sposato sia suo padre che suo figlio. La cosa peggiore è che voi affermate che tutti e due abbiamo bisogno e troviamo appagante l'amore sessuale di genitore, figlio e sposo in un'unica persona.*

Freud *Sì.*

Mahler *Impronunciabile.*

Freud *Capisco la difficoltà. Ma questa è la verità. E qui dobbiamo essere completamente sinceri. Voi amate vostra madre e cercate lei in ogni donna. Vostra madre portava nel volto e nella postura le tracce della violenza di vostro padre. Volevate che quei segni fossero visibili in Alma. L'ossessione per vostra madre è chiara. Non potevate staccarvi da lei. Così come Alma non poteva staccarsi dal padre. Il suo padre artista. Il suo "Mahler".*

Mahler [scuotendo la testa in segno di diniego]*No. No. Questo è incesto. Tra poco mi farete uccidere mio padre in ogni relazione con gli uomini.*

Freud *Questo lavoro lo faremo un altro giorno.*

Mahler *Non posso accettare quello che dite.*

Freud [insistendo con forza]*Ma è quasi matematico. Voi, Maestro Mahler, il cui nome significa "pittore", avete sposato*

Alma, il cui nome è associato all'idea stessa di madre e il cui padre era pittore. A livello simbolico lo accettate. È profondamente appagante sia per voi che per lei. Lasciatevi andare alla mente primitiva perché il conflitto tra questa e la società vi ha bloccato. Bloccato in amore. Nella vita. Nel lavoro. Se accettate il simbolismo, potrete ritornare con Alma a una vita completa. E a una vita artistica piena. L'identificazione conscia tra Alma e vostra madre provoca e inibisce allo stesso tempo la vostra attrazione sessuale per lei. Lasciatevi andare all'accettazione primitiva.

Mahler [dopo una lunga pausa]*Si tratta pur sempre di incesto.*

Freud *L'incesto è una pulsione primaria. Ma è simbolica. Non esiste proibizione all'incesto simbolico.*

Mahler [dopo una lunga pausa, con ansia]*Tutto questo è molto difficile, ma sento una montagna di ghiaccio che comincia a muoversi.*

Freud *C'è ancora del lavoro da fare. Ma ora tornate da Alma. Siate per lei quel che siete e quello che lei vuole. Siate padre e marito. Lasciate che lei sia moglie e figlia.*

Mahler e Freud camminano uno intorno all'altro, disegnando lenti cerchi irregolari.

Freud *Il tempo è terminato.*

Freud [tendendo la mano a Mahler] *A Vienna?*

Mahler [stringendo la mano a Freud] *A Vienna.*

Freud cammina verso il limite sinistro del palcoscenico. Mahler verso quello destro.

Mahler [al pubblico]*Non ho mai accettato l'analisi del Professore Dottor Freud. Non l'ho più incontrato. Però sono ritornato da Alma con un nascente senso di guarigione. Nei nove mesi successivi alla nostra seduta Alma ed io siamo ritornati alla felicità dei primi tempi del nostro matrimonio. Per questo gli sono profondamente riconoscente.*

Freud [al pubblico]*Nell'unica seduta con il Maestro Mahler lui ha dimostrato la comprensione dei meccanismi della mente e della terapia più profonda che io abbia mai incontrato in un profano. Mi rammarico che non ci siamo più incontrati. Provo una grande soddisfazione per la sua rigenerata relazione con Alma, ma provo un qualche senso di colpa perché lui, dopo quella volta, non ha composto più una nota.*

Mahler [al pubblico]*Durante il tempo trascorso con il Dottor Freud ho scavato a fondo nella mia psiche, in modo doloroso ma salutare. Come mai prima, la partitura della mia anima è stata rivelata e interpretata. Nei pochi mesi che mi sono restati da vivere ho realizzato per la seconda volta quello che solo pochi raggiungono nella vita, un'unica volta: l'assoluta affermazione dell'amore.*

Freud [al pubblico]*Durante il tempo trascorso con il Maestro Mahler ho liberato da qualche pugno di sabbia una cattedrale sepolta e dirigendo su di essa un raggio luminoso ho portato alla luce indizi della sua intricata maestà e la testimonianza del costo umano della sua creazione. È risultata anche evidente l'immensità di quello che doveva ancora essere* *scoperto e che, al di là della luce, restava all'oscuro.*

Mentre il palcoscenico scende in ombra, una tromba evoca trionfo e dolore commovente insieme. Cala il sipario.

Fine della scena

Intervallo

Silenzio

Scena III Andante con moto

Casa di vacanza e dintorni, Leiden, Olanda

26 agosto, 1910

Mattina e primo pomeriggio

Il sipario si alza su un palcoscenico con un'alternanza di ombre scure e zone di luce accecante.Lo scenario di fondo è spoglio, tranne che per sagome di buio e luce che si alternano. Il palcoscenico è diviso in due parti. La parte destra è desolata. La sinistra presenta due grandi sedie di legno la cui sobrietà è messa in risalto dall'assenza di ogni elemento decorativo. Le sedie sono messe una opposta all'altra. Mentre la scena va avanti, le sedie sono di volta in volta al buio e poi inondate dalla luce.

Sigmund Freud e Gustav Mahler sono seduti uno di fronte all'altro. Si somigliano, sono tutti e due sulla tarda quarantina. Hanno tutti e due capelli scuri. Entrambi indossano vestiti scuri a tre pezzi. Portano occhiali. A differenza della scena due, Freud non ha il sigaro e Mahler è eccitato ma non scarmigliato. Mentre il sipario si alza i due sono nel mezzo di un'animata discussione.

Mahler [in un vortice di parole e gesti]*Mio fratello, Otto, suicidio. Mia madre camminava zoppicando provocando continue prese in giro. Mio padre, brutale. Circondato dalla morte dei congiunti. La morte si leva davanti a me come una grande marea. Un'aquila maestosa vola in cerchi predatori.*

Nella luce del sole ci sono ombre scure che trasudano sangue. La morte di mia figlia Marie. Uno straniero nella mia casa. Nelle cose più piccole tracce di orrore. Mia moglie, Alma che ha una relazione. Io...

Freud [interrompendolo]*Maestro Mahler, se oggi dobbiamo fare un nuovo passo avanti, deve essere concentrato. Il balbettio, l'incoerente flusso di parole, immagini ed emozioni devono essere ordinati in una qualche forma. Il tempo è poco.*

Mahler [frettolosamente ma poi rallentando] *Ma questi sono i temi del mio attuale momento. Mi aggroviglio angosciosamente. La mia vita. Il mio lavoro. Mia moglie. Le emozioni mi opprimono. Cerco un po' di respiro.*

Freud *Maestro Mahler, fermiamoci un momento. Vi prego, si calmi almeno per un istante.*

Mahler [respirando profondamente e poi sedendosi in posizione raccolta, attenta]*Professor Freud, come volete, come ordinate. C'è così tanto da dire, da rivelare.*

Freud *Ritorni a quel momento di retrospezione in cui si trovava un attimo fa.*

Mahler *Ma il mio presente collassa in quell'istante caotico. Mia moglie, infedele. Mia....*

Freud [interrompendolo]*Maestro Mahler, torniamo a quello stato di rievocazione creativa. Per favore, ritorni a quel ricordo. La prego, mi racconti di nuovo quel ricordo.*

Mahler [dopo una pausa e profondi respiri]*Come ordinate. Da capo. Quando ho composto l'ultima nota della* Sinfonia numero 1, *mentre l'inchiostro nero simile a sangue infetto sgorgante da una ferita nel mio fianco si asciugava definitivamente sulla carta ruvida, ho alzato lo sguardo e ho visto di fronte a me, proprio nel momento in cui stavo per liberarmi dall'esaltazione che genera lo sfinimento, la sagoma ridanciana di Beethoven. Era nudo dalla vita in su, il suo corpo era grosso e vigoroso. Era scosso da una gracidante risata, sprezzante. Prima che riuscissi a emettere un sussulto di difesa dalla sorpresa affiorata in me, la sagoma è scappata via, e la sua risata è riecheggiata con tale forza che le note della mia* Sinfonia *che risuonavano nella mia mente, sono state sommerse, zittite dal suo disprezzo.*

Freud *E la vostra reazione?*

Mahler *Solo la sua musica era musica. La sua risata uccideva la mia musica mettendola in ridicolo, e uccideva anche me. Il Padreterno aveva dato zero alla mia creazione, aveva riso della mia vanità, della mia presunzione del mio infantile balbettare. La risata era il suono provocato dalle pietre della Torre di Babele che franavano in maniera cacofonica sul mondo.*

Freud *Come si sente ricordando quella scena?*

Mahler *Annichilito. Era come se il mio stomaco fosse risucchiato fuori dal mio corpo dal vuoto creato dalla scia della immensa presenza di Beethoven e della sua improvvisa partenza.*

Freud *E?*

Mahler [con apprensione] *E? Nessun e.*

Freud [seccato]*E? Annichilito e castrato.*

Mahler [con uno sguardo irritato] *Nessun e.*

Freud [dopo una pausa]*Questa immagine di Beethoven è un'immagine ricorrente?*

Mahler [angosciato]*Nei momenti chiave quel mostro sghignazzante deride me e le mie creazioni e mi ricorda le mie inadeguatezze, l'abisso tra le mie pretese e i miei risultati. Mi spinge al silenzio. Mi fa pensare che il silenzio sia la soluzione migliore. Che la morte sia la soluzione migliore.*

Freud *Momenti chiave?*

Mahler *Quando compongo. Quando sono sul podio a dirigere. Durante i momenti di intimità. Sempre durante i momenti di intimità. Con una tale costanza che non ci sono più momenti di intimità.*

Freud *Come reagisce Alma?*

Mahler *Grazie a un sotterfugio, capisce e accetta. Le dico che quando sono nel mezzo della creazione, sono incapace di intimità, che devo scegliere tra la musica e il piacere fisico. E lei accetta, mestamente.*

Freud *Voi non nominate Beethoven?*

Mahler *Non nomino Beethoven.*

Freud *Perché? Alma non ha il diritto di conoscere la vera ragione del vostro sottrarvi?*

Mahler [con un respiro profondo]*Non riesco ad ammettere la sua presenza. Ma credo che Alma sappia che il sotterfugio nasconde qualcosa nel profondo e mi lasci il conforto della fuga.*

Freud *Se lo sa, risponde con una fuga altrettanto significativa.*

Mahler [con un filo di rabbia]*Accetto la diagnosi della doppia fuga, ma non con serenità.*

Freud *Voi dite che Beethoven vi riduce al silenzio, ma avete scritto altra musica. Non siete stato zittito.*

Mahler *Sono stato in grado di continuare perché mi stava deridendo dall'alto della sua Nona Sinfonia. Mi stava giudicando da un punto più avanzato di quello in cui ero io. Ma mentre progredivo verso il nove, il mio rifugio si rattrappiva. La scusa dell'immaturità svanì.*

Freud *Quante sinfonie avete composto?*

Mahler *Nove. Sto terminando la decima. Ma non la finirò. Non posso andare oltre Beethoven.*

Freud *Perché no?*

Mahler *Nove è la fine. È il limite della conquista umana. Dopo il nove può esserci soltanto lo zero. Uno zero infinito. Dopo il nove, mi ritrovo sul precipizio dell'eternità. Sul crinale della morte. La debolezza del mio sangue e del mio respiro sono la testimonianza di tutto questo.*

Freud *Non avete contato male? Non siete già oltre il nove?*

Mahler *È solo un inganno della penna. Ma il* Canto della Terra *non è una sinfonia. Non mi porta oltre il nove. Per andare oltre il nove bisogna uscire dalla vita ed entrare nella morte. Dieci comunica qualcosa di inesprimibile che non dovremmo ancora conoscere. Per cui non siamo ancora pronti. È un ritorno alle origini con tutto il sapere e l'esperienza e il dolore dell'intero viaggio. È un' assurdità.*

Freud *Per superare il nove, dovete accettare vita e morte come un'unica cosa.*

Mahler *Questo è impossibile. Questa è uno delle vostre sterili contraddizioni.*

Freud *Non la finirete. Ma non per le ragioni che avete detto. Non si tratta di accettare una contraddizione. Non permettete a voi stesso di completare la decima, anche se lo avete fatto, perché avete paura di sorpassarlo. Vi tirate indietro. Vi ritirate dalla lotta. Avete il potere, ma siete troppo debole per usarlo, il che equivale a non averlo.*

Mahler *Questa è una contraddizione.*

Freud *La mente è una contraddizione. Perché non potete andare oltre Beethoven?*

Mahler [con una smorfia] *Non lo so.*

Freud *Cosa succederebbe se andaste oltre Beethoven?*

Mahler *Al di là di Beethoven c'è una minaccia. Una minaccia di una strana natura. Mi avvolge. Pesa su di me. Ma che cosa sia esattamente non riesco a dirlo. Il suo potere e il suo essere indistinta è logorante.*

Freud *È la minaccia di essere aggredito?*

Mahler *Mi piego e mi contorco nella fuga. È lì. Invisibile. Soffoco. Non posso muovermi.*

Freud fissa Mahler implacabilmente Mahler evita lo sguardo, si agita e dopo una lunga pausa volge di nuovo lo sguardo verso Freud.

Mahler *Non posso fronteggiare la minaccia.*

Freud [dopo una pausa]*Potete mettere da parte la minaccia utilizzando ricordi terapeutici. Sarà altrettanto terapeutico tanto quanto è doloroso. Avete mai sperimentato in altre occasione la sensazione che vi suscita l'immagine di un Beethoven che vi deride? C'è qualche altro ricordo che vi provoca lo stesso impatto emotivo?*

Mahler [dopo una lunga pausa, con respiri dolorosi, affannati, e la gamba sinistra in preda a un tic nervoso] *Quando ero bambino, mentre apprendevo i primi rudimenti non solo della relazione fra le note e il loro segno sul foglio ma anche il profondo, emotivo e conoscitivo significato dei suoni, la forza che i suoni stendono sulle nostre menti e sulle nostre anime, mentre scoprivo che la musica proviene dal buio, dal cupo sollevarsi dell'oceano, dall'attrito delle nostre vite umane incessantemente strusciate contro l'infinito, l'eterno, l'onnipotente, il divino, avvenne un fatto. Mia madre, fragile e zoppa, è stata brutalmente assalita da mio padre. Sono rimasto pietrificato dalla paura. Avrei voluto correre in suo soccorso, ma fui fermato dalla paura della forza brutale di mio padre e dalla sua volontà bestiale di infliggerle dolore, di sfregiarla. I suoi pugni avevano un ritmo ripetuto, come fossero governati da un metronomo. Il suono martellante era quello dell'inizio* *della* Sinfonia numero 5 *di Beethoven. L'incessante, potente battito continuava a picchiare nella mia anima. Potevo sentire il mondo rattrappirsi morbosamente nelle ferite sanguinanti di mia madre. Giunto il momento del dissolversi, non ho potuto più sopportare la scena. Dovevo fermare i colpi. Ma continuavano. Non avevo nessun potere. Ero pestato tanto quanto lei. Sono fuggito giù, non volevo essere testimone della mia debolezza e della mia complicità. Quando sono piombato in strada, il mio corpo, la mia mente, la mia anima vibravano in preda a una grande emozione, nel pieno di un primordiale conflitto umano, e qui mi sono trovato immerso nelle note sentimentali e banali di un organetto che suonava una canzonetta.* "O du lieber, Augustin".

Voce maschile *"Il denaro è andato. La fidanzata, non c'è più. Mio caro Augustin, Non posso vincere. Il cappotto, andato. Il bastone, andato. Mio caro Augustin, Non posso vincere".*

Freud *La canzoncina ha alleviato il vostro dolore?*

Mahler *Il salto dall'elevato ma doloroso al basso ma piacevole mi ha dilaniato. La mia emozione è stata resa ancora più forte dall'incontro con il suo opposto.*

Voce maschile *"Anche la ricca Vienna. È al verde come Augustin Non posso vincere. Più saremo uniti, più felici saremo. Perché i vostri amici sono i miei amici E i miei amici sono vostri amici. Più staremo insieme, più saremo felic"i*

Freud *Come vi fa sentire questa canzone?*

Mahler *Possiamo fare una pausa? Possiamo continuare più tardi? O magari domani?*

Freud *Allora, come vi fa sentire questa canzone?*

Mahler [dopo una pausa]*Vuoto. Svuotato di sangue e sperma. Possiamo continuare il mese prossimo a Vienna?*

Freud *E?*

Mahler *Sul fil di lama. Ridotto dalla minaccia all'immobilità e al silenzio.*

Freud *E?*

Mahler *Nessun e.*

Freud *E castrato.*

Mahler [con rabbia]*La castrazione è la vostra più importante osservazione analitica?*

Freud *Da quello che avete detto, la paura della castrazione si aggira nella vostra mente. È lì. Le resistete. Ne avete paura. Non si può nominare, e perciò vi intralcia.*

Mahler *In che modo?*

Freud *Voi siete il circoncisore che teme una circoncisione portata al suo estremo. Voi siete il circoncisore che desidera castrare il suo nemico, ma si trattiene. Consiste nell'associazione fra la vostra visione di Beethoven che ride e la violenza fisica che vostro padre infliggeva a vostra madre.*

Mahler *Non c'è alcuna associazione.*

Freud *L'associazione è talmente presente che per voi è assente. Beethoven e vostro padre sono un'unica entità.*

Mahler [con aria derisoria]*E sotto gli auspici del complesso di Edipo. Voglio ucciderli tutti e due.*

Freud *Potete disprezzare questa linea analitica, ma dovete ascoltare. Stiamo facendo progressi. Volevate difendere vostra madre castrando vostro padre, ma non ne avevate il coraggio. Non ci avete nemmeno provato. Avete abbandonato il campo. "O di lieber, Augustin" non vi ha teso un'imboscata con il suo triviale sentimentalismo. L'avete cercato voi. Forse avete addirittura ricordato qualcosa che non è successo. Avere sentito la canzoncina è una vostra creazione. La vostra difesa. Volevate liberarvi da emozioni molto forti. Volevate liberarvi dall'imperativo di uccidere vostro padre. Proprio come cercate nella vostra musica di liberarvi dalle implicazioni indotte da una forte emozione.*

Mahler *Quali implicazioni?*

Freud *Il vostro conflitto con Beethoven si esplica con chiarezza nei passaggi intensi. E voi evitate la lotta esattamente come avete evitato i pugni di vostro padre. Non volete uccidere solo il vostro padre biologico. E nemmeno il padre di Alma. Quello lo avete fatto. C'è un altro padre che volete uccidere: Beethoven. Per voi l'inizio della sua Sinfonia numero cinque non è "il destino che bussa alla porta". È "attento! Il padre si avvicina!". Beethoven è avvolto dal concetto astratto di fato, è una paterna e divina astrazione. Ma il martellare è il suo modo di aggredire. Il suo assalto diretto contro di voi. Il suo asserire che pretende Alma tutta per sé. Quelle note non sono un mero battere alla porta e nemmeno un insistente bussare della polizia alla ricerca di un sospetto. Sono il pugno di un gigante che piomba sulla sua progenie, uccidendola prima che uccidano lui. Sono i pugni di tutti i padri. E voi, il figlio inadeguato, fuggite in segno di* *sottomissione.*

Mahler *I padri reali non sono già abbastanza pesanti e non rappresentano già una sfida?*

Freud fissa Mahler.

Malher [rassegnato]*Beethoven. In lui non vi è incertezza. C'è solo virile sicurezza.*

Freud *I padri reali non sono già abbastanza pesanti e non rappresentano già una sfida? Sono più di questo. È per questo che li sostituiamo. Eleggiamo altri come padri nella speranza che questi sostituti ci sollevino dal peso dei nostri padri naturali. Ma questi non fanno altro che intensificare quel peso. Beethoven è il vostro padre artistico, quello che avete scelto. È la figura che apertamente vi impegnate a superare, sperando segretamente che sia lui a superare voi. Traete piacere dalla sconfitta. Avete scelto un padre che non potevate detronizzare. Eravate troppo debole e spaventato per riuscire a scegliere un padre che avreste potuto superare. Oppure non siete mai stato abbastanza forte. Beethoven è talmente potente che neanche lo presentate in tutta la sua forza. Voi riportate in modo incompleto la vostra immagine di Beethoven. Non è nudo solo dalla vita in su. È completamente nudo.*

Mahler No.

Freud *Il suo membro è in mostra, eretto. È questo quello che temete. È questa la minaccia. L'unico modo che avete per castrarlo è non ammettere la possibilità che anche lui abbia un pene. Beethoven è come il vostro padre naturale. Non potete superarlo perché avete ancora paura. Siete incapace di ucciderlo a causa delle vostre inibizioni. Siete perciò bloccato* *sessualmente e artisticamente. Beethoven vieta l'intimità sessuale con Alma. Avete inconsciamente persuaso Alma ad avere una relazione perché volevate di nuovo essere messo da parte, perché non potevate sostenere il ruolo di padre e marito. L'accettazione di Alma era qualcosa di più che sottoscrivere i termini di un sotterfugio.*

Mahler [scuotendo la testa e contorcendosi] *No. Questa è follia.*

Freud *E riguardo la musica sappiamo già tutto.*

Mahler *Questa non è una terapia. Questo è un omicidio. Rispetto a quando ho iniziato, non sto affatto meglio.*

Mahler cammina lentamente intorno al palcoscenico con crescente ostilità. Torna a sedersi.

Mahler *Siamo qui a Leiden per creare una bottiglia di Leida. C'è stata la scarica elettrica. Ma la nostra bottiglia di Leida non è completa. Ha solo un polo in funzione. Ora il secondo polo deve essere messo in gioco.*

Freud *Un'altra metafora potrebbe essere più appropriata. Quella del duello. Mi slaccio il colletto, lo tiro via e libero il mio collo.*

Mahler *Non vivrò dentro le vostre metafore. Avete smesso di decidere la partitura.*

Freud *Ma attenzione al contraccolpo o alla forza esplosiva generata dalla collisione dell'energia statica.*

Mahler *Attenzione al contrappunto. Attenzione al crescendo.*

Freud *Sono stato avvertito. Abbiamo tempo. Iniziamo con il battere o con il levare?*

Mahler *Non potete parlare della vostra terapia con il Maestro Walter, ma io posso farlo...*

Freud *Non vedo il punto, ma continuate.*

Mahler [in uno stato sognante da ventriloquo]*Durante un periodo di grande felicità dopo la nascita della mia prima figlia mi fu inflitto un castigo. Durante una rappresentazione dell'Olandese volante, nel secondo atto, nel momento in cui il soprano canta "Obbedirò alla volontà di mio padre", un dolore gelido ha trafitto il mio braccio destro, come se un fulmine atomico l'avesse colpito. Sono rabbrividito e ho avvertito una presenza fredda che prendeva la forma di un filo sottile proveniente dall'alto, dal palchetto sopra la mia spalla destra. Volevo voltarmi in quella direzione, ma ho continuato a dirigere. Alla fine della rappresentazione, mentre ricevevo dal palco la calorosa cascata di applausi del pubblico il mio occhio ha visto la sorgente di quel filo. Per un breve istante, carico però di eterne conseguenze, i miei occhi, nonostante la grande distanza, hanno visto il vuoto luccichio di un viso non umano. Nei suoi occhi c'era un segno premonitore del terribile diluvio che si sarebbe abbattuto sul mio futuro. L'immagine mi è rimasta impressa. Il mio braccio destro è diventato inutilizzabile. Non potevo più dirigere. Non potevo più suonare il pianoforte. Sono stato sopraffatto dalla disperazione.*

Freud [con un po' di rabbia]*Il vostro linguaggio vi porta alla scoperto. "Castigo". "Diluvio". " Disperazione". L'allusione al Padreterno. Non vi è nessuna causa fisiologica. Voi insistete su questioni relative alla deviazione sessuale della prima infanzia, ma le prove che adducete portate portano in realtà* altrove. *La paura dell'impotenza è fin troppo chiara. Braccio destro. La bacchetta. Non vi è nessuna visione profetica del futuro. La fantasia è quella dell'annientamento da parte del padre. Vi è solo una fantasia individuale di perdita di potere.*

Mahler *E la cura?*

Freud *Individuale. Non può essere applicata che a voi. Andate in Sicilia. Dimenticate questo problema. Prendetevi una vacanza. Il problema rimane? Dirigete!*

Mahler *Dirigere? Non posso presentarmi al pubblico e restare lì paralizzato. Verrei fischiato.*

Freud *Me ne assumo la piena responsabilità. Dirigete!*

Mahler *Ero stupito. Ma ha ubbidito. Mi sono fatto carico dei doveri che comporta la conduzione con una certa trepidazione. Il mio cuore batteva con più foga. Sul mio braccio destro è apparsa una goccia di sudore. Ma era di nuovo forte e agile. Comandavo la bacchetta con brio . Il Professor Freud mi aveva guarito.*

Mahler [non più in uno stato sognante di ventriloquo]*E libero dal complesso di Edipo. Senza che i ricordi dell'infanzia siano stati curati. Una cura veramente strana. Specialmente quando si tratta di analizzare il vostro ruolo. E identificare le vostre omissioni.*

Freud *Le* mie *omissioni?*

Mahler *Non ero io parte della cura? Voi e Bruno Walter non mi avete forse cancellato dagli archivi pubblici?*

Freud *Voi eravate il padre simbolico per il Maestro Walter. Sosteneva con insistenza che una visione apocalittica gli avesse paralizzato il braccio destro. Non era una visione apocalittica. Eravate voi. Avete ferito il vostro figlio simbolico con il peso che scaturiva dal suo esservi discepolo. Era il vostro bisogno di incarnare il padre distruttivo. Walter aveva bisogno di liberarsi dalla prepotenza delle immagini paterne. Era ostacolato dall'immagine tacitante del padre. Solo una figura paterna avrebbe potuto liberarlo. Così ho assunto quel ruolo. "Dirigete!", ho detto con tono degno di Jahvé. E ha diretto.*

Mahler *"Con tono degno di Jahvé". Il vostro linguaggio vi tradisce.*

Freud *In che modo, Maestro?*

Mahler *Un uomo paralizzato viene da voi descrivendo i suoi sintomi, infarcendo il suo parlare di termini biblici. Viene da voi perché non può essere curato da medici convenzionali. Medici che usano altri mezzi, non le parole. Lo mandate nella foresta perché, attraverso l'oblio, possa ritrovare se stesso. Quando questo non funziona, gli ordinate di dirigere. Lo esorcizzate. Scacciate i demoni.*

Freud [con aria pensierosa e di sufficienza]*Riconosco quanto profonda sia la vostra analisi. Ma c'è altro?*

Mahler *Avete ordinato al Maestro Walter di dirigere solo la musica? Non c'era altro da dirigere?*

Freud [con imbarazzo e angoscia]*La mia prescrizione non si limitava alla singola parola "dirigete". Era: "dirigete una relazione con Alma". Conquistate il padre attraverso il possesso della madre. Non vi poteva superare artisticamente.*

Così vi ha superato con altri mezzi. Tramite il possesso simbolico. Ma Walter ha fatto di più. La cura è avvenuta con azioni dirette e non con le parole. Ha funzionato, ma il prezzo è stato altissimo. È stata efficace ma nociva. Nonostante il successo, un uomo che ritorna pienamente padrone di sé, decisi di abbandonare il metodo. È stato un esperimento terribilmente sbagliato.

Freud e Mahler seduti assorti, in silenzio

Mahler *Ci siamo attorcigliati l'uno all'altro, e ora questo viene alla luce.*

Freud *Vi ho spodestato e sono diventato Jahvé, il sommo padre.*

Mahler *Eravate il padre guaritore. Mi avete lasciato il ruolo del distruttore.*

Freud [con angosciata rassegnazione] *Non avrei mai dovuto acconsentire a questa seduta. Sono stato subito in conflitto in merito alla vostra richiesta. E sollevato dalle vostre continue disdette. Ma la mia etica professionale è stata sopraffatta dal desiderio di conoscervi meglio. Sono qui seduto combattuto da scopi contrastanti. Il mio desiderio di sapere mi ha sempre dominato.*

Mahler *Non volevate sapere quello che affliggeva Maestro Walter. Quando la vostra analisi è fallita gli avete semplicemente ordinato di guarire. C'era qualcosa nella sua storia che vi faceva paura. Non avete mai indagato la scena originale della sua paralisi. Avete evitato quel volto nel pubblico.*

Freud *L'evidenza della patologia era emersa completamente. Walter l'aveva fatta emergere. Nell'aria c'era l'espressione del dovere verso il padre. C'era l'imminenza della nascita di sua figlia. Il soprano come sostituto della neonata. Era tutto lì.*

Mahler *E il volto tra il pubblico?*

Freud *Tra il pubblico non c'era nessun volto. Era una creazione di Walter. Era la sua visualizzazione delle proprie prerogative paterne. Non riconobbe il suo giudizio paterno per via del peso della vostra autorità. Era una fantasia intrigante, ma una fantasia tesa a coprire il personale con una qualche nebulosa profezia storica.*

Mahler *Ma quel volto c'era. C'era una presenza. E c'è ancora. L'ho percepita anch'io. L'ho avvertita negli occhi del cameriere al caffè. Avverto ancora la sua minaccia nelle strade di Vienna.*

Freud *Un altro padre minaccioso?*

Mahler *Qualcosa che va oltre i padri. Qualcosa che va oltre la comprensione. La collaborazione tra il super Io e l'Es, un connubio mostruoso di ragione e irragionevolezza.*

Freud [con ansia]*Una cosa del genere non può esistere.*

Mahler *Ma c'è. È in agguato a Vienna. Posso annusare nelle culture più evolute la traccia di una primigenia animalità. È nascosta nel vostro lavoro. Non avete forse scritto di un popolo profugo che rischia di non avere una nazione che lo difenda? Non avete visto la stampa viennese attaccarmi perché sono ebreo? Non siete stato voi stesso attaccato per gli stessi motivi? Siamo tutti minacciati.*

Freud *Una minaccia che non può diventare più grande. Siamo immersi in una cultura europea. Distruggere noi significa distruggere la cultura europea.*

Mahler *La minaccia è contro di noi e contro la cultura. I motori razionali dell'intelletto umano sono alimentati dalla forza moralizzatrice della coscienza, metteranno in scena i desideri senza senso dell'Es e costruiranno monumenti su basamenti di ossa e carne.*

Freud *Come fate a vedere quel che io non vedo? Dove è la sorgente della vostra paura?*

Mahler *L'avete visto. Ma voi lo limitate al personale e tralasciate lo storico.*

Freud *Cosa volete dire?*

Mahler *Lo osservo nella musica.*

Freud *Wagner?*

Mahler *No. Più sottile ma nello stesso tempo più ovvio. Beethoven. Avete ragione. Non è il destino che bussa alla porta nella Sinfonia numero 5. È il padre omicida e stupratore. Ma c'è dell'altro. È la forza della storia impegnata a rendere infeconda la cultura, la società. Stuprare e uccidere in nome di un grande fine che è più piccolo del più piccolo sé. Non avete ascoltate Beethoven come l'ho ascoltato io. Voi pensate che il punto sia che io lo superi. Invece il punto è sfidare la sua oscura passione. Il suo trionfo del maschio omicida. Non solo assassino del padre. Assassino inizialmente di ogni forma di vita diversa dalla sua. E poi della sua vita stessa, quando tutta l'altra vita giace morta e ammucchiata. Ho ascoltato il suo* *trionfante autocompiacimento mentre s'innalza al di sopra delle sue vittime decapitate. La sua musica ne è pervasa.*

Freud *Non vedete altro che Beethoven. È un inarrestabile vincitore. Voi non vedete il futuro. Vedete il passato. Beethoven vive profondamente dentro di voi.*

Mahler *Avete l'introspezione e il coraggio di rivelare chi vive dentro di voi?*

Freud [dopo una pausa]*Proprio come voi avete davanti la figura giudicante di Beethoven, io ho davanti a me la figura di Mosé che libera gli ebrei dalla schiavitù dell'Egitto. Nonostante la forza destabilizzante dei giudizi di un popolo che vortica nei boulevard di una capitale, ho cercato di condurre i miei pazienti fuori dalla schiavitù delle loro nevrosi. La portata del risultato mi sconvolge. Ho scritto di lui nel tentativo di rinchiuderlo in una serie di parole concatenate. Ma non sarà possibile circoscriverlo. Non è un caso che il Mosé di Michelangelo sia sotto lo stesso tetto delle catene usate per portare San Pietro a Roma. Il potere fiducioso ed estatico che Mosé esercita su di me è rappresentato bene dalla marmorea maestà di quella statua. Sono io a essere incatenato.*

Mahler [prima con fare meditativo, poi con studiata aggressività]*Vi vedo nella Chiesa di San Pietro in Vincoli, con il vostro consunto Baedeker, che grazie alla statua entrate in solenne e solitaria comunione con Mosé. Vedo i parrocchiani romani lanciare occhiate interrogative. Vi vedo vestito in modo così inusuale per una città come Roma. Capisco che tentate di controllare Mosé mediante l'interpretazione. Ma non padroneggiate la verità.*

Mosé è una figura che plasmate per nascondere il vostro vero padre mitico. Mosé è un sotterfugio, uno stratagemma, una fuga. Il vostro Mosé è un progetto di autoillusione, ancor più potente e ancora più ingannevole perché lui è tanto prossimo alla vera figura mitica del padre che voi volete destituire. Ma vi manca il coraggio di farlo.

Freud [si alza, cammina lentamente intorno alla sedia, quindi si risiede] *E nella vostra diagnosi, Maestro, chi sarebbe costui?*

Mahler *Dio.*

Freud *Tramite la meditazione sto scappando da quello che è essa stessa una fuga? Il mio padre mitico è il più grande mito di tutti? Un'illusione al di là di tutte le illusioni?*

Mahler *Sedete nel vostro appartamento di Vienna tra i reperti di divinità più antiche di Abramo. Andate in vacanza nella Terra della chiesa cattolica. Vi sedete nella chiesa con le reliquie della Pietra della Chiesa. Fissate Mosé. Il vostro "dirigete!" è un altro "sia la luce".*

Freud *Dunque mi sarei prefissato un programma impossibile e auto-vincolante. Lotto e assurgo a una posizione di autorità che nessuno può raggiungere. Voi potete manovrare intorno a Beethoven, ma io sono immobilizzato in un impotente e impenetrabile cerchio. Come vi sentite?*

Mahler *Ansiosamente trionfante, esausto, sollevato.*

Freud *Sapete quello che avete fatto?*

Mahler *Vi ho sfinito come voi avete sfinito me. Vi ho portato al punto zero come voi avete portato me al punto zero.*

Freud *E?*

Mahler [accennando un sorriso] *Non c'è nessun e.*

Freud [accennando un sorriso] *C'è sempre una fine.*

Mahler *E?*

Freud *Mi avete superato. Oggi pomeriggio, sono stato un sostituto del padre e voi avete trionfato. Il padre non ha più potere su di voi. Digerire la vittoria prenderà tempo e altro lavoro.*

Mahler *A Vienna?*

Freud *Non con me. Ci sono troppe cose tra di noi.*

Mahler *Mi resta poco tempo. Sto morendo. Non posso fare altro.*

Freud *Potete accettare la morte e la vita?*

Mahler *Finita la mia* Sinfonia numero 9 *ho superato la morte, ma non l'ho accettata. Accetto solamente la vita.*

Freud *Per abbracciare la vita dovete accettare la morte. Potete avere creatività o amore, ma non tutti e due. Se accettate la morte artistica potete raggiungere la vita in un'altra sfera.*

Mahler *Alma?*

Freud *Sì. Alma. Abbandonate la lotta contro Beethoven. Ritornate da Alma come padre, come marito, come amante, come qualcuno che abbia visto la morte nelle note di una* *sinfonia che vanno spegnendosi. Portate a lei lo splendore raggiunto grazie a un'accettazione della morte.*

Mahler [dopo una lunga pausa e con crescente vigore]*È per questo che sono venuto qui oggi. È con luttuosa riluttanza che abbandono Beethoven. Il mio ultimo atto sulla terra sarà quello di rinsaldare la mia unione con Alma. Questo lo posso realizzare. In parte per ordine vostro. In parte per mia volontà.*

Mahler [in piedi, fa una pausa e distoglie lo sguardo da Freud]*Ho attraversato fitte foreste su sentieri appena accennati, con un fogliame così denso da nascondere il sole e il cielo. La musica che si sta formando nella mia mente è pesante, faticosamente ripetitiva. Pesa sulla mia anima. Asserisce che la morte è la soluzione migliore. Ma possiede una tetra bellezza. Posso sentire l'impetuoso scorrere dell'acqua di un torrente ma non posso vederlo. Sono perso. Vado avanti, senza foga ma con un senso di accettazione. Poi, i miei passi mi portano alla fine del sentiero dove si apre una vista con un lago di montagna che libera la musica in un crescendo di assenso solenne.*

Freud *C'è dell'altro. Ci sono molti "e". Prima che voi partiate c'è un'ultima questione. Qui è stato rivelato molto. Rivelato su di voi e su di me. Doloroso per entrambi. Le chiedo di stringere un patto riguardo a oggi: il silenzio.*

Freud si alza e va verso Mahler. Si danno solennemente la mano. Le luci del palcoscenico sfumano e mentre il sipario cala un violoncello suona una musica che esprime rassegnazione e perseveranza.

Freud *Ippocrate fece giurare ai medici. "Mi asterrò dal recare danno e offesa". Oggi in parte c'è stata una guarigione, ma* *anche un danno, vostro e mio. Soltanto noi possiamo valutare la differenza tra il prezzo e la guarigione. Il nostro lavoro non potrà essere giudicato dalla storia, perché non avrà storia. Il giorno è ora sigillato dal silenzio.*

Mahlern*Il sentimento trionfante di liberazione si mescola troppo intensamente con il lutto, perché io amo ancora la prigione dalla quale sono stato appena liberato. La sua oscurità, la solitudine, la prigionia forzavano la musica della mia anima a emergere. Ora posso amare Alma con la stessa pienezza dei primi tempi del nostro matrimonio, ma la musica è ridotta al silenzio. È un degno baratto.*

Mentre il palcoscenico viene oscurato, lentamente una tromba evoca la vittoria mischiata a una dolorosa commozione.Cala il sipario.

Fine della scena

Scena IV Larghissimo

Appartamento di Sigmund Freud, Vienna IX,
Berggasse 19

3 Giugno, 1938

Mezzanotte

Il sipario si alza su un palcoscenico quasi desolato, illuminato dal retro da fiamme vibranti. Le luci frontali sono basse e contribuiscono al chiaroscuro. L'unico oggetto che rimane nell'appartamento dalla scena I è la placca di bronzo collocata la centro del palcoscenico e illuminata da un fascio di luce. Vi si legge "Prof. Dr. Freud". Lo sfondo di Vienna è lo stesso della Scena I. Si vedono delle fiamme nel corso dell'intera scena. Può anche continuare a essere percepibile lo scoppiettio del fuoco.

La Scena si apre con un ufficiale della Gestapo in divisa, in piedi, alla sinistra del palcoscenico. Freud è al centro, chino sulla placca. Ha lo stesso vestito e lo stesso aspetto della Scena I. Mentre la Scena procede solleva gradualmente la schiena. Alla fine è completamente dritto, in una postura fiera, trionfante e provocatoria. Mahler è a destra del palcoscenico, anche lui come nella Scena I.

In apertura si sentono a malapena alcuni passaggi del quinto movimento della *Sinfonia numero 5* di Mahler. Mentre la Scena procede il volume aumenta, via via che si avvia alla conclusione.

Ufficiale della Gestapo *Signor Freud, si sbrighi, si sbrighi!*

Freud *Sempre un "e". Fino adesso. La sintassi della morte. In una città che brucia. Una città che cauterizza qualunque traccia, qualunque memoria di me. Come se fossi un tumore. Come confermare la vita predicando la morte. Mahler ha trovato un modo quando non ci sono parole.*

Mahler *Ma dove c'è solo l'ideologia della vita. Non importa la vostra fede.*

Freud *Il mio rimedio è servito a lui e ad Alma? Ho spesso pensato a quella seduta. La seduta che non si è conclusa. Ho pensato a lui. Ad Alma. All'impatto della seduta su di lui. Lei. Io. Il loro potere continua a incantare.*

Dalla sinistra del palcoscenico entra Alma Mahler. Indossa un abito vaporoso che sfiora il pavimento, sembra muoversi come un fantasma lungo il palcoscenico. La sua voce è eterea ma forte.

Alma Mahler *Amo Mahler con tutta me stessa. L'ho amato così dall'inizio e per l'eternità. Il mio amore è infinito. Ma ci sono altre cose infinite. Il mio amore è più vasto di quello di un uomo. Il mio amore non può essere limitato a un singolo individuo. Mahler ha composto nove Sinfonie. Io ho composto nove amori. Ma ognuno di questi è stato un frammento di Mahler. Ma, per un certo periodo, Mahler è stato un frammento di Mahler. Per un po' ha amato solo la mia anima. È lì che entra in comunicazione con me e mi innalza verso luoghi che i mortali conoscono a malapena. Interpreta la mia anima con la sua musica. Quando soprano e contralto si intrecciano in un erotico abbraccio fraterno io so di essere sia l'una che l'altra. Quando le trombe suonano chiare e trionfanti*

so che Mahler ha catturato la mia essenza. *Ogni* crescendo *è
un* crescendo *del nostro amore.*

Mahler *Ho dato ad Alma tutto quel che avevo. Il mio corpo si
stava svuotando di energia. Il mio amore e la mia musica
erano tutto quello che avevo da dare. Senza di lei ci sarebbe un
suono peggiore del silenzio. Non potevo fare altro che
sdraiarmi sul letto e supplicarla di mettere l'orecchio destro
sul mio cuore e accarezzare il mio polso destro con la sua
mano destra. Le ho permesso di paragonare le mie note al
battito del mio polso che rallentava e al sottile flusso del mio
respiro. Era un'unione sacra che trascendeva e univa vita e
morte. Con quel gesto ho legato Alma a me per l'eternità.*

Alma Mahler *Ma io sono più che anima. Per un periodo lui ha
abbandonato il mio corpo. Ma il mio corpo ha bisogno di
amore, come la mia anima. Allora ho cercato degli altri
uomini. Solo per un periodo. Con gli altri c'era la profonda
sensualità dell'abbraccio. Il liquido flusso incandescente.
L'odore mescolato di virilità e femminilità. Con Mahler prima
di ogni cosa c'era un'ostinazione nel voler trasformare il mio
corpo in uno strumento capace di valutare il fluire di respiro e
sangue. Mi toglieva l'aria ascoltare i suoni del suo respiro e
del suo sangue accavallarsi, mi spingeva verso la
trascendenza. Misurare con la mia carne lo spazio tra la vita e
la morte che si assottigliava, è stata una felicità straziante. È
stata la grazia. Era Mahler. Al di là di tutto, era Mahler .*

Mahler *Negli ultimi mesi, quelli successivi alla mia seduta, ho
celebrato con lei l'Eucaristia del mio corpo e della mia
musica. Libero dal peso e dalla lotta della creatività. Libero
dal dover bilanciare vita e morte, potevo di nuovo donare me
stesso per dare vita a lei. Ho avuto così poco tempo dopo la
nostra seduta. Il mio corpo si ribellava. La mia mente era*

sintonizzata su Alma. Ma in quegli ultimi mesi, mentre Alma ed io ci siamo di nuovo ritrovati, l'immagine di Beethoven si è ritirata sempre più sullo sfondo fino a diventare solo l'avanzo di una presenza. Il mio universo è iniziato ed è finito con Alma e me. Ho ascoltato la musica con un orecchio interiore, al di là dell'ascolto.

Alma Mahler *Quando è ritornato da Leiden, Mahler era sollevato. Era di nuovo l'uomo dei primi tempi. Era padre. Era marito. Era amante. Era collega. Era tutto. La lotta contro Beethoven era finita. Nel tetro biancore di una stanza di ospedale il suo corpo pallido era appena visibile. Solo il suo respiro aveva peso, con il suo lento scivolare verso l'immobilità. Con i suoi ultimi respiri ha sussurrato uno scongiuro contro di lui. "Mozart". Poi ha fatto una pausa per raccogliere le ultime forze. Un colpo di tosse. Una velatura di sangue. Screziature rosse sulle mie mani. E ancora. "Mozart". Un sussulto del petto. La fine. Silenzio. Buio.*

Alma Mahler esce lentamente di scena da sinistra.

Freud *E allo stesso modo presto sarà finita anche per me. Il fluire lento e naturale della mia vita. Se potessi finire camminando anonimamente per Vienna. Fermandomi ad ascoltare lo sferragliare metallico dei tram. Sentendo il sole tiepido sul viso. Andando all'Università per vedere il febbrile via vai degli studenti tra un'aula e l'altra. Sorseggiando caffè. Ritornare a casa e leggere ancora una volta i miti antichi e carezzare gli antichi reperti. Ma questo non accadrà. Il mio ultimo respiro l'esalerò in esilio.*

Mahler *Siamo tre volte esuli. Boemi fra austriaci, austriaci fra tedeschi, ebrei nel resto del mondo. Ovunque siamo degli intrusi, mai benvenuti senza dare qualcosa in cambio. Sempre* *la minaccia dei barbari.*

Freud *Sono vecchio. Non ho armi contro la barbarie.*

Mahler *L'antidoto alla barbarie è la musica.*

Freud *Non c'è antidoto alla barbarie. Non lo troverete né nella religione, né nella mancanza di fede, né nella musica, né nel silenzio, né nell'arte, né nel vuoto, né nella scienza, né nell'ignoranza.*

Mahler *A volte, da qualche parte della profonda essenza dell'umanità si leva qualcosa di sconosciuto e inconoscibile per opporsi alla barbarie, e si erge contro la paura della morte e in tutta la gioia della morte. Per affermare la vita. Quella cosa è esile, fugace, assediata dalla fragilità del genere umano. È la nostra sola speranza. È potente oltre ogni limite.*

Freud e Mahler stanno in piedi, in silenzio. Freud va verso l'ufficiale della Gestapo e l'affronta.

Freud [con una forza crescente che diventa trionfante]*Il mio nome è Professore Dottore Sigmund Freud. Ho iniziato la mia attività professionale recando sollievo a pazienti nevrotici. Ho scoperto nuovi e importanti contenuti del subconscio nella vita psichica, il ruolo delle pulsioni istintive e la continuità della vita e la morte. Da questa scoperte è nata una nuova scienza e un nuovo metodo di cura. Questo l'ho pagato caro. La gente non credeva nei miei dati e considerava le mie teorie ripugnanti. La resistenza era forte e spietata. Alla fine, ho avuto successo. Ma la lotta non è ancora finita.*

Freud raccoglie la placca di bronzo dal pavimento, fa scorrere le dita sul contorno delle lettere e s'avvia verso la sinistra del palco.

Freud *Il mio nome è Professore Dottore Sigmund Freud.*

Fa una pausa.

Freud *La lotta non è ancora finita.*

Freud arriva al limite di sinistra del palcoscenico. Mahler cammina verso il limite destro. Vanno entrambi verso il centro del palcoscenico. Si incontrano, si abbracciano, rimangono sul palcoscenico mentre la *Sinfonia numero 5* di Mahler raggiunge il climax.Cala il sipario

Fine della scena

FINE

Made in the USA
Monee, IL
07 July 2026